Knab/Förstl
99 Tatsachen über Ihr
Gedächtnis

Die Autoren

Dr. Barbara Knab ist Diplom-Psychologin und Psycho-
therapeutin mit neuropsychologischem Hintergrund. Als
Wissenschaftsjournalistin ist sie spezialisiert auf alles
rund um Gehirn und Gedächtnis. Außerdem hält sie viele
Vorträge und Kurse über Gedächtnis und Lerntechniken.
www.barbara-knab.de

Professor Hans Förstl ist Direktor der Klinik für Psychiatrie
und Psychotherapie der TU München. Er hat an der Ludwig-
Maximilians-Universität studiert und seine Ausbildung zum
Neurologen und Psychiater in München, Mannheim und
London absolviert. Zu dem Thema Gedächtnis und Demenzen hat er zahlreiche Bücher und wissenschaftliche Arbeiten
veröffentlicht.

Dipl.-Psych. Dr. Barbara Knab
Prof. Dr. med. Hans Förstl

99 Tatsachen über Ihr Gedächtnis

- Wie es funktioniert
- Was es leistet
- Wie Sie es schützen und stärken

Inhalt

1 Grundlagen

2 Risiken

Inhalt

3 Schutz

Test

Wie viel können Sie sich merken?

Lesen Sie sich die folgenden zwölf Wörter einmal langsam selbst vor. Wenn Sie damit fertig sind, legen Sie das Buch weg, nehmen einen Stift und schreiben so viele Wörter auf, wie Ihnen noch einfallen, gleich, in welcher Reihenfolge. – Drehen Sie danach das Blatt um. Achten Sie zunächst nicht darauf, wie viele Wörter Sie haben und vergleichen Sie noch nicht. Decken Sie stattdessen die erste Liste ab und lesen die zweite Liste auf die gleiche Weise. Dann legen Sie das Buch weg und schreiben auf, was Ihnen noch davon einfällt. Versuchen Sie erstmal, bewusst keine Tricks anzuwenden.

Hier die Liste 1:

Stall – Bett – Gitarre – Sandkasten – Ahorn – Wand – Kreuzung – Buch – Kaufhaus – Kette – Blei – Minze.

Hier die Liste 2:

Bleistift – Teller – Auto – Tasse – Fahrrad – Füller – Filzstift – Weinglas – Motorroller – Gabel – Bus – Kugelschreiber.

Jetzt zählen Sie, wie viele Wörter Ihnen bei jeder Liste eingefallen sind und vergleichen das. Streichen Sie alle, die Sie vielleicht doppelt haben, aber auch alle, die gar nicht auf der Liste waren. Was übrig bleibt, zählt.

Mehr dazu lesen Sie auf S. 26 ff.

Liebe Leserinnen, lieber Leser

»Ich möchte mehr über das Gedächtnis wissen« – »Wie gut ist mein eigenes Gedächtnis objektiv?« – »Wie kann ich mir mehr merken, und das leichter?« – »Endlich habe ich Zeit, um Italienisch zu lernen; aber das Wörterlernen fällt mir schwerer als damals in der Schule. Ist das normal?« – »Ich mache eine schwierige Weiterbildung und muss mir viel einprägen. Gibt es da Tricks?« – »An meinem neuen Arbeitsplatz muss ich mir viel mehr merken als früher« – »Kann ich das Gedächtnis meiner Schüler oder Studierenden dadurch unterstützen, wie ich unterrichte?«

Wer einen Gedächtniskurs besucht, hat vor allem Fragen dieser Art im Kopf. Sie sind teils allgemein, teils persönlich. Alle zielen letztlich darauf ab, normale Leistungen zu verbessern – am liebsten spielerisch.

Völlig andere Fragen zum Gedächtnis stellt eine zweite große Gruppe von Menschen. Sie fragen grundsätzlich persönlich, doch deutlich ernster, und oft unter den vier Augen in einer Sprechstunde. Sie sorgen sich um ihre Angehörigen, weil deren Gedächtnis nachlässt. Manche fürchten auch, ihr eigenes Gedächtnis könnte erheblich schlechter geworden sein.

»99 Tatsachen über Ihr Gedächtnis« beantwortet Ihnen beide Sorten Fragen und noch eine ganze Reihe mehr. Hier finden Sie anschaulich, wie Ihr Gedächtnis arbeitet und welche Schlüsse Sie daraus klugerweise für seinen Gebrauch ziehen. Sie lernen verstehen, was Ihr Gehirn tut, wenn Sie etwas lernen. Sie lesen, was Sie persönlich tun können, um diese Leistung zu verbessern und zu genießen. Einiges davon können Sie gleich ausprobieren. Und Sie sehen, dass Ihr Gehirn zwar geistige Fähigkeiten wie das Gedächtnis produziert, doch dabei immer Teil des

Organismus bleibt. Es ist sogar der empfindlichste. Lange vor jedem Gedächtnistrick hilft Ihrem Gedächtnis deshalb nichts so sehr wie etwas scheinbar völlig anderes: Ihre Gesundheit.

Aus all dem haben wir in diesem Buch »99 Tatsachen über Ihr Gedächtnis« zusammengestellt, und zwar praktisch und leicht nachvollziehbar. Verstehen Sie dabei unter »Tatsachen« vor allem viererlei:

- althergebrachtes Wissen, das heute gut erklärbar ist,
- Befunde, über die sich die Wissenschaft momentan weitgehend einig ist,
- besondere Begriffserklärungen und
- Möglichkeiten, was Sie praktisch tun können.

Und die 99? Grundsätzlich ist die Zahl 99 ja eher ein Bild für »viele«. Es sind aber trotzdem wirklich 99 Tatsachen. Sie können sie ganz einfach finden: 72 Unterkapitel und 27 violett unterlegte Kästen im Text. Einige Tatsachen sind ganz einfach, manche haben mehrere Aspekte.

So können Sie dieses Buch auf vielfache Weise nutzen: schmökern, schmunzeln, sich weiterbilden oder üben. Dabei kommt Ihnen neben dem reinen Wissen auch die praktische Erfahrung beider Autoren zugute – aus der Sprechstunde für Menschen mit Gedächtnisproblemen, aus Gedächtniskursen für Gesunde und aus Vorträgen für Wissbegierige aller Art.

München, Januar 2008

Barbara Knab
Hans Förstl

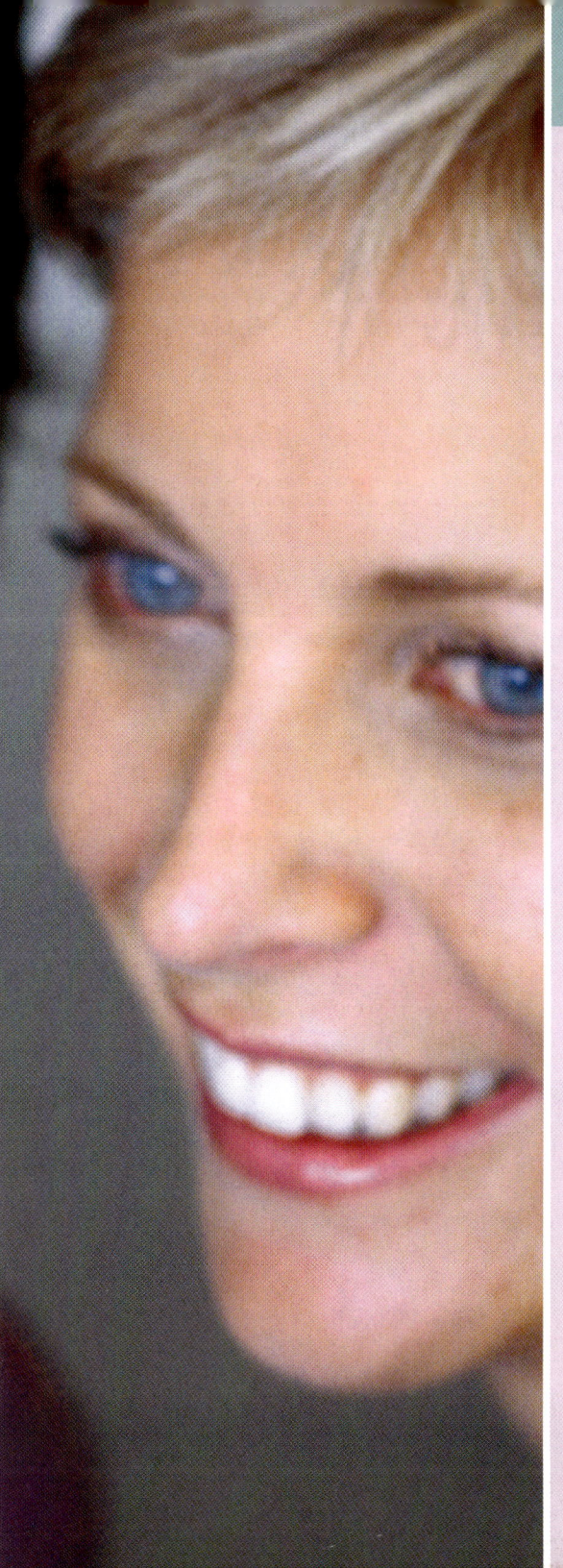

Wie das Gedächtnis funktioniert

Manche wünschen sich die Gedächtnispille, andere eine Art Nürnberger Trichter. Beides ist biologisch unmöglich – und das können wir sogar im Gehirn beobachten. Ihr Gedächtnis tritt nämlich genau dann in Aktion, wenn Sie sich aktiv mit etwas auseinandersetzen. Nicht später, aber auch nicht früher. Hier können Sie Ihr eigenes Gedächtnis testen, und die einfachen Tricks lernen Sie auch.

So entstehen Erinnerungen

Ali Baba in seinem Versteck wagt kaum zu atmen: die Räuber kommen. Da sagt der Räuberhäuptling »Sesam öffne dich« – und schon öffnet sich ein Tor zum Bergesinneren. Ali Baba merkt sich das Zauberwort und benutzt es selbst, nachdem die Räuber wieder weggeritten sind. Die Höhle birgt märchenhafte Schätze; einiges davon lädt er auf seine drei Esel und bringt es nach Hause. Später entwindet ihm sein reicher Bruder Casim das Geheimnis. Auch ihm öffnet sich der Berg, doch die Schätze blenden sein Gedächtnis so, dass ihm das Zauberwort entfällt. Er kommt nicht mehr nach draußen, und als die Räuber heimkehren, folgt, was im Märchen folgen muss. Ein zuverlässigeres Gedächtnis hätte sein Leben gerettet.

Ein echtes Zauberwort ist kurz und leicht zu merken. Heutige Zauberwörter sind Passwörter und PIN-Nummern; die Dinge laufen nur, wenn wir sie parat haben. Das können Sie sich leichter machen, genau wie vieles andere, was Gedächtnis erfordert.

Das Programm dazu finden Sie in diesem Buch. Sie benötigen dafür nicht die Techniken der Gedächtnisprofis. Sie sollten lediglich bereit sein, Ihr Gedächtnis konsequent zu benutzen und es zu unterstützen, statt es wie Casim zu behindern. Das ist einfacher, wenn Sie wissen, wie es arbeitet.

Wie ist das Gedächtnis organisiert?

Stellen Sie sich vor, Sie wollen Herrn Krämer anrufen, in dessen Geschäft Sie kürzlich eine Lampe angezahlt haben. Sie haben seine Telefonnummer weder gespeichert noch im Kopf. Deshalb benutzen Sie die Visitenkarte, die er Ihnen mitgegeben hat.

Kurzzeitgedächtnis

Falls Sie kein Gedächtniskünstler sind, haben Sie zwei Möglichkeiten, um die Nummer korrekt in die Tastatur zu übertragen.
- Die eine: Sie lesen die erste Ziffer und tippen sie ein; dann machen Sie es genauso mit der nächsten, bis zum Schluss.
- Die andere: Sie lesen die ersten vier oder fünf Ziffern, wiederholen sie für sich und tippen sie dann alle aus dem Kopf ein. Und so weiter.

Bei der ersten Strategie haben Sie das sensorische Gedächtnis genutzt. Das ist eine Art Echo, für jeden der fünf Sinne eines. Bei der zweiten war das Arbeitsgedächtnis aktiv. Das bewahrt Zahlen, Bilder oder Fakten so lange, dass Sie erst einmal damit arbeiten können. Sobald Sie sie nicht mehr benutzen, haben Sie Herrn Krämers Nummernfolgen genauso wieder vergessen wie nach der Eins-zu-Eins-Strategie.

Zum Kurzzeitgedächtnis gehören das sensorische und das Arbeitsgedächtnis.

Sensorisches und Arbeitsgedächtnis sind nur kurz aktiv; deshalb fasst man sie zusammen und nennt sie Kurzzeitgedächtnis.

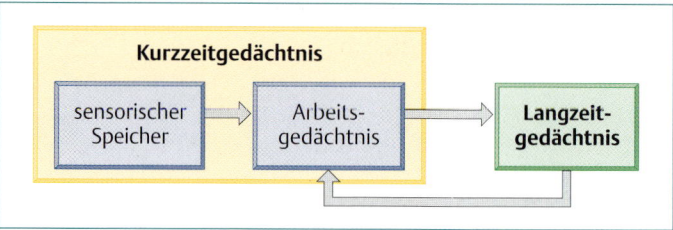

▲ Jede Information wird zunächst nur vorübergehend im Kurzzeitgedächtnis gespeichert. Das kann ein reiner Sinneseindruck sein (sensorisch), wir können die Information aber auch benutzen und damit weiter arbeiten (Arbeitsgedächtnis). Manche dieser Informationen gehen anschließend ins Langzeitgedächtnis über. Nur auf sie können wir später zugreifen.

Langzeitgedächtnis

Da die Nummernfolge nur kurzzeitig interessant war, wurde sie gar nicht erst dorthin transportiert, wo Informationen längerfristig aufbewahrt werden: ins Langzeitgedächtnis. Nur was dort ankommt, ist später noch zugänglich. Ganz von selbst und ohne jede Mühe gelingt das vor allem einer Sorte Information: eigenen Erlebnissen. Das Langzeitgedächtnis bewahrt solche Erlebnisse automatisch, vom letzten Urlaub bis zum Streit in der Arbeit. Solange das Ereignis emotional neutral ist, bleiben die Erinnerungen relativ allgemein. Sie werden umso detaillierter, je mehr Sie sich darüber gefreut oder geärgert haben.

Ähnlich mühelos erinnern Sie sich an den Inhalt von Geschichten, Romanen oder Theaterstücken, zumindest in groben Zügen. Sogar eine Zeitungsmeldung oder eine Gebrauchsanleitung schafft es noch relativ leicht in Ihr Langzeitgedächtnis. Der Inhalt muss Ihnen nur wichtig sein und Sie müssen ihn verstanden haben. Immer wenn Sie daran denken, holen Sie ihn zurück ins Arbeitsgedächtnis. Danach speichert ihn das Langzeitgedächtnis neu, und zwar besser als beim letzten Mal.

Am mühseligsten ist es, sich etwas zu merken, was einen nicht interessiert.

Anders ist es bei einem Text, den Sie völlig uninteressant finden. Auch ihn können Sie nämlich nur behalten, wenn Sie ihn verstanden und sich damit beschäftigt haben. Das ist nicht vergnüglich und deshalb mühsam.

Kurz- und Langzeitgedächtnis arbeiten unterschiedlich

Dass Kurz- und Langzeitgedächtnis sich unterscheiden, weiß man seit Mitte des 20. Jahrhunderts. Inzwischen kann man es auch mit den neuen Verfahren der Hirnforschung direkt sehen: das Gehirn ist an verschiedenen Stellen aktiv, je nachdem, ob jemand gerade das Kurzzeit- oder der Langzeitgedächtnis benutzt.

Man unterscheidet explizites und implizites Gedächtnis

Erlebnisse oder Geschichten, Wörter oder Zahlen, Bilder oder Gesichter – das ist der Stoff, den wir unserem Gedächtnis gezielt und bewusst zuführen. Die Handlung einer Geschichte können wir wiedergeben, wenn wir sie einmal gehört haben, Wörter oder Zahlen, wenn wir sie ein paarmal wiederholt haben. Gemeinsam ist dem, dass wir es uns bewusst merken. Dieses bewusste Gedächtnis ist das, was wir im Alltag meistens unter Gedächtnis verstehen; es heißt »deklarativ«, also benennend, oder »explizit«, also ausdrücklich.

Wenn wir uns etwas bewusst merken, heißt das fachsprachlich explizites oder deklaratives Gedächtnis.

Gedächtnis ist mehr. Sie können sicher auch schwimmen, kochen, tippen, mit der Hand schreiben oder ein Auto steuern. Das sind Fertigkeiten, und auch sie beherrscht niemand von Natur aus; wir haben sie praktisch geübt. Wie das geht, lässt sich viel schwerer beschreiben als Auswendiglernen. Tausende von Handwerksmeistern und Sportlehrern können ein Lied davon singen. Gedächtnis steckt trotzdem dahinter. Wir nennen es implizit, also gerade nicht ausdrücklich. Implizites Gedächtnis ist auch dafür verantwortlich, dass wir einen auffälligen Geruch nach kurzer Zeit nicht mehr wahrnehmen oder dass

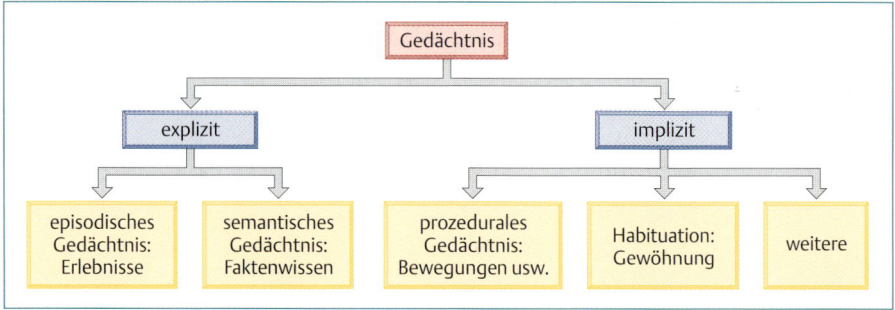

▲ Eigentlich gibt es viele Gedächtnisse; sie unterscheiden sich nach dem Inhalt. Einige sind eher bewusst – das ist explizit. Einige sind mehr automatisch – das ist implizit.

wir die sogenannte Hausmannskost mögen, Gefahren bewerten oder Entfernungen schätzen können.

Noch etwas unterscheidet das implizite vom expliziten Gedächtnis: Schwimmen haben Sie nicht plötzlich gelernt und auch nicht an einem Nachmittag. Aber wenn Sie lange genug trainierten, beherrschten Sie es immer besser. Dann gehen Sie nicht einmal unter, wenn Sie jahrelang nicht geschwommen sind. Das ist typisch für Fertigkeiten. Explizites Wissen dagegen verblasst, wenn Sie es nicht benutzen. Manche Menschen verlernen sogar ihre Muttersprache, wenn sie jahrzehntelang anders sprechen; vom nie mehr angerührten expliziten Schulwissen leider ganz zu schweigen.

Die drei Gedächtnisstufen: aufnehmen – speichern – abrufen

Unser Gedächtnis ist kein Muskel und auch kein bestimmter Teil des Gehirns. Deshalb lässt sich weder seine Größe messen noch sein Gewicht. Wir können höchstens prüfen, was vor sich geht, und selbst das ist leichter gesagt als getan. Prüft man nämlich, was jemand »aus dem – expliziten – Gedächtnis« sagt oder aufschreibt, dann ist das nur der Endpunkt eines Vorgangs, den wir als Ganzen »Gedächtnis« nennen. Dieser Vorgang hat drei feste Stufen: Aufnahme, Speicherung und Abruf der Information.

Stufe 1: aufnehmen

Nehmen wir an, Sie müssen sich kundig machen, was es mit dem Klimawandel auf sich hat. Dann besorgen Sie sich Informationen zum Thema: Texte, Audiodateien und Filme. Damit befassen Sie sich so lange und so intensiv, bis Sie alles verstehen. Vielleicht notieren Sie die wichtigsten Argumente. Sie nehmen also Informationen auf, man kann auch sagen: Sie verschlüsseln sie. Dabei sind Sie umso erfolgreicher, je konzentrierter Sie gearbeitet haben. Sind Sie dagegen unkonzentriert oder verstehen Sie die Argumente nur halb, dann nehmen Sie nur Bruchstücke auf; die sind vielleicht sogar falsch.

Stufe 2: speichern

Das meiste, was Sie aufgenommen haben, geht in der Regel automatisch in Ihr Langzeitgedächtnis über. Es wird gespeichert. Falls es sich um Bruchstücke oder Falsches handelt, speichert Ihr Gedächtnis leider genau das.

Stufe 3: abrufen

In der dritten Etappe – Abruf oder Wiedergabe – wird nicht einfach überprüft, was sich im Speicher befindet. Das Abrufen ist vielmehr ein eigenständiger Teil des Gedächtnisvorgangs: So fällt den meisten Menschen in einer Prüfung weniger ein als am Abend zuvor. Im Weg stehen die Barrieren Aufregung oder

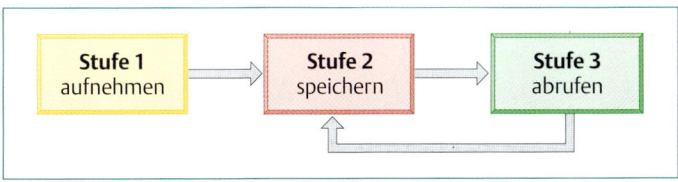

◄ Der Vorgang Gedächtnis muss drei feste Stufen einhalten.

Angst, und manchmal blockieren sie den Weg vollständig; das nennt man Blockade oder Blackout. Später wissen sie wieder alles. Ihr Wissen ist also nicht aus dem Speicher verschwunden; es ist nur zeitweilig nicht zugänglich.

Die Reihenfolge »aufnehmen – speichern – abrufen« ist nicht nur logisch, sondern bio-logisch. Das Gedächtnis muss diesen Weg einhalten. Deshalb können wir uns weder die Zukunft merken noch die Lehren aus dem Buch unter dem Kopfkissen.

Wissen vertiefen

Sobald Sie an eine Information denken, die in Ihrem Langzeitgedächtnis bereits gespeichert ist, gelangt sie erneut ins Arbeitsgedächtnis. Dort wird sie »gewälzt« und neu durchdacht. Das Ergebnis geht dann als neue Informationsvariante in Ihr Langzeitgedächtnis zurück.

Wichtig

Wie oft und wie gut Sie etwas abrufen, beeinflusst, wie intensiv und nachhaltig es im Langzeitgedächtnis gespeichert wird.

Normalerweise vertieft sich Ihr Wissen, indem Sie es wieder hervorholen, neu aufnehmen und neu speichern. Es kann sich dadurch aber auch verändern. Nehmen wir an, Sie wollen wegen des Klimawandels keine persönlichen Konsequenzen ziehen. Deshalb holen Sie im zweiten Durchgang vor allem solche Argumente ins Arbeitsgedächtnis zurück, die Ihnen kein schlechtes Gefühl geben. Etwa, dass der Einzelne ohnehin nichts tun könne und dass außerdem das meiste, was sich da weltweit ereignet, auch ohne Menschen passiert wäre. Dann wälzt Ihr Arbeitsgedächtnis vor allem diese Argumente hin und her. Die Folge: Sie speichern genau diese Argumente besonders erfolgreich im Langzeitgedächtnis. Die übrigen verblassen, weil Sie nichts mehr damit gemacht haben. So haben Sie unbeabsichtigt Ihr ursprüngliches Wissen eingeengt.

1. Was die Aufnahme von Information erleichtert

Wie viele Wörter, Zahlen, geometrische Figuren oder Bilder jemand kurzfristig und spontan behalten kann, nennt die Wissenschaft »Gedächtnisspanne«. Fünf solcher Informationseinheiten merken sich die meisten Menschen kurzfristig, viele auch mehr; mehr als neun schafft allerdings kaum jemand.

Die Gedächtnisspanne der meisten Menschen liegt irgendwo zwischen fünf und neun Einheiten.

Diese »Spanne« gibt das Gehirn vor, Sie können sie nicht physikalisch erweitern. Psychologisch geht es schon. Dafür brauchen Sie einfache Tricks beim Einprägen, die dem Gedächtnis die Arbeit erleichtern. Der Weg: Sie unterlegen dem Inhalt zusätzlichen Sinn.

- **Das Material ordnen:** Man nennt das auch Clustern, zu Deutsch: Klumpen. Nehmen Sie die Telefonnummer 3485776912. Das kann sich fast niemand merken. Nun gruppieren Sie die Zahl zu fünf Zweierblöcken und lesen sie laut: 34, 85, 77, 69 und 12. Jetzt geht es wahrscheinlich. Der Grund: gedächtnistechnisch sind es nur noch fünf Zahlen.
- **Kategorien bilden:** Nehmen Sie eine Wörterliste: Pulli, Hund, Papier, Katze, Bluse, Hose, Tafel, post-it-Zettel, Fisch, Schaf, Schuh, Notizbuch. Diese Wörter lassen sich Kategorien zuteilen: Schreibzeug, Kleidung und Tiere. Wenn Sie die Wörter danach ordnen, fällt es Ihnen leichter, sie zu behalten. Ziemlich viel prägt sich sogar ganz von selbst ein, fachsprachlich »inzidentell«. Praktisch liegen die Kategorien natürlich nicht immer so deutlich auf der Hand. Trotzdem funktioniert es auch dann, wenn es komplizierter ist.
- **Eselsbrücke:** Jede Eselsbrücke ist eine kleine Geschichte. Wenn wir eine erfinden, nutzen wir aus, dass wir uns Geschichten beim ersten Hören spontan gut merken können. Machen Sie sich deshalb Eselsbrücken, wo es geht.
- **Assoziation:** Verknüpfen Sie Begriffe, die Sie sich merken müssen, zu einer Geschichte. Die können Sie umso besser behalten, je ungewöhnlicher sie ist. Das klappt mit Einkaufslisten genauso wie mit Gliederungspunkten für einen Vortrag.

19

(ohne Absicht!)

Das »inzidentelle Gedächtnis« erleichtert den Alltag

Vieles, was uns begegnet, nehmen wir wahr wie eine Geräuschkulisse: wir beachten es nicht bewusst. Einiges davon merken wir uns trotzdem. Diese (explizite) Erinnerung ohne Absicht nennt man inzidentelles Gedächtnis. So lernen Kinder die meisten Wörter ihrer Muttersprache einfach, indem sie zuhören, manchmal aufmerksam, manchmal nur nebenbei. Erwachsene finden ihren Schlüssel wieder, auch wenn sie ihn an der falschen Stelle abgelegt haben. Das klappt nur dann nicht, wenn sie es völlig achtlos getan haben. Dann haben sie den Ort nicht einmal nebenbei wahrgenommen, und das verhindert die Aufnahme der Information. – Sie unterstützen Ihr inzidentelles Gedächtnis, wenn Sie konzentrierter sind. Die wichtigste Strategie: keine zwei Dinge gleichzeitig zu erledigen versuchen.

2. Was Ihnen beim Speichern hilft

Erzählt Ihnen jemand eine Geschichte, passiert sie zunächst das Arbeitsgedächtnis. Dort »bewegt« sie sich, solange nichts anderes dazwischenkommt und Aufmerksamkeit abzieht. Richtig festigen oder konsolidieren wird sich ihre Spur erst im Langzeitgedächtnis. Eine wichtige Station zur Konsolidierung ist der Schlaf in der folgenden Nacht. Wer eine Nacht durchmacht, stört diesen Prozess. Deshalb ist es in der Nacht vor einer Prüfung wichtiger, gut zu schlafen, als noch mehr zu lernen. Die Ausnahme: Wenn Sie den Stoff noch nie gesehen haben. Dann müssen Sie sich wenigstens einmal damit befassen.

Nur was man gut verstanden hat, kann man sich auch gut merken

automatisch

Langfristig konsolidiert sich ein Gedächtnisinhalt, indem Sie ihn immer wieder ins Arbeitsgedächtnis abrufen, also wiederholen. Bei impliziten Inhalten, etwa beim Sport, nennt man das Training. Bei expliziten Inhalten, etwa bei Schulstoff, funktioniert die Wiederholung erheblich besser, wenn noch etwas dazukommt: Verstehen. Was Sie nicht verstanden haben, können

Sie zwar mechanisch auswendig lernen, aber das ist mühsam und wenig nachhaltig. Schon nach einer Stunde haben Sie die Hälfte wieder vergessen, und nach einem Tag zwei Drittel.

Selbst Wörter einer Fremdsprache wiederholen Sie effektiver, wenn Sie sie vorher »verarbeiten«. Dort heißt Verarbeiten: einen Sinn finden. Deshalb merken Sie sich Wörter besser, wenn sie Ihnen im Rahmen einer Geschichte begegnen. Genau so sind klassische Sprachlehrbücher aufgebaut, neue leider nicht immer. Die Geschichte im Hinterkopf hilft sogar dann, wenn Sie die Wörter ganz mechanisch wiederholen.

Wichtig

Wenn wir etwas nicht verstehen, vergessen wir es sehr schnell. Wir können es auch nicht auf ähnliche Situationen übertragen. Es nützt deshalb zum Beispiel fast nichts, Mathematik mechanisch auswendig zu lernen.

Mehrere Sinne nutzen – sehen, hören, tasten

Wiederholen Sie nicht unbedingt mit allen Sinnen, aber doch mit mehr als einem. Nutzen Sie etwa neben dem Sehen auch das Hören, indem Sie laut sprechen, oder den Tastsinn, indem Sie etwas aufschreiben. Damit verschlüsseln Sie den Stoff auf mehreren Wegen, so dass er sich bei jeder Wiederholung schneller und nachhaltiger konsolidiert.

HILFREICH

Das »prospektive Gedächtnis« unterstützen

Ganz allgemein bewahrt das Gedächtnis Vergangenes für die Gegenwart und Gegenwärtiges für die Zukunft. Ein Aspekt des Gedächtnisses hat ausdrücklich die Zukunft zum Thema: das prospektive, das, welches nach vorne schaut. Wenn Sie Ihren Termin beim Steuerberater nicht verpassen, hat Ihr prospektives Gedächtnis dafür gesorgt. Anforderungen an dieses Gedächtnis lagern die meisten Menschen in einen Terminkalender aus, eine typische externe Gedächtnishilfe. Nutzen Sie solche externen Hilfen, sie entlasten Ihr prospektives Gedächtnis. Seien Sie aber sparsam mit der Menge: Hundert Klebezettel sind Chaos und belasten.

3. Gespeichertes abrufen und wiedergeben

Wie viel Sie in einer Situation tatsächlich abrufen können, wird von drei Faktoren beeinflusst:

- Was Sie überhaupt aufgenommen und gespeichert haben,
- die Situation selbst – die Menge sinkt nicht nur in einer Prüfung, sondern auch dann, wenn Sie Angst haben, übermüdet, krank oder sonstwie geschwächt sind,
- die Art der Wiedergabe, und das hängt davon ab, wie Sie gefragt werden. Auch hier gibt es drei Möglichkeiten.

Etwas wiederzuerkennen, fällt besonders leicht

Am meisten fällt Ihnen ein, wenn Sie nur entscheiden müssen: Kenne ich dieses Bild, gibt es jenes Wort, stimmt die Aussage? Das prüft, ob Sie etwas wiedererkennen; auf Englisch heißt diese Wiedergabe »Recognition«. Solange Sie nicht einfach raten, spiegelt sie zweifellos, was Sie gespeichert haben. Das ist keine künstliche Situation; im praktischen Leben brauchen wir Dinge häufig »nur« wiederzuerkennen: etwa Gesichter, Wege, Bilder oder die richtigen Antworten in Multiple-Choice-Aufgaben. Letztere werden nur schwierig, wenn sie Fallen enthalten, etwa sehr ähnliche Antworten, von denen nur eine richtig ist.

Die freie Wiedergabe ist am schwierigsten

Am wenigsten fällt Ihnen ein, wenn Sie einfache Figuren nachzeichnen oder in eigenen Worten sprechen oder schreiben. Diese Art heißt freie Wiedergabe, auf Englisch »Free Recall«.

Stichworte erleichtern das Abrufen

Das Ergebnis liegt dazwischen, wenn Sie einen Hinweisreiz bekommen; auf Englisch heißt die Methode »Cued Recall«.

Ursprünglich ist Cue das Stichwort im Theater, auf das hin der Schauspieler die Bühne betritt oder mit seinem Text beginnt.

Es unterstützt den Zugriff auf den Stoff: genau dasselbe tut auch ein Hinweisreiz. Sie müssen ihn allerdings mit dem Inhalt verbinden.

Hinweisreize verbessern die Gedächtnisleistung automatisch, und deshalb benutzen wir sie im Alltag intuitiv ständig: den Anfangsbuchstaben, die Autofarbe, das Titelbild, die Größe eines Menschen, die Freundin mit dem gleichen Namen wie die neue Kollegin. Bei der Liste auf S. 19 wäre jede Kategorie ein Hinweisreiz: Schreibzeug, Kleidung oder Tiere.

ÜBUNG

Mnemotechnik: Die Tricks der Gedächtniskünstler nutzen

Mnemotechniken nennt man die Tricks der Gedächtniskünstler. Diese Tricks perfektionieren, wie man Hinweisreize und Assoziationen erst er-finden und dann wieder-finden kann. So hat jeder Gedächtnismeister eine Liste im Kopf, wo jeder Zahl von 0 bis 99 ein Gegenstand entspricht. Er merkt sich Zahlen, indem er aus den Wörtern eine Geschichte macht. Sie können das selbst mit einer dieser Listen ausprobieren: Dort steht Taube für die Zahl 19, 28 für Napf und 94 für Bär. Die Zahl 192894 könnten Sie dann so verschlüsseln: Eine Taube fällt in einen Napf; da ist sie benommen und der Bär kann die leichte Beute packen. Ist die 192894 Teil einer längeren Zahlenfolge, können Sie Teilgeschichten erfinden. Jede spielt an einem andern Ort; 192894 etwa an der Straßenkreuzung XY. Die Methode ist nützlich für Nummern aller Art, etwa PIN, Telefon und Konto.

Wie Sie sich eine Gedächtnisspur legen

Stellen Sie sich vor, Sie sind Mitglied im Heimatverein Ihrer Stadt. Die Stadt will eine Imagekampagne starten. Jemand weiß, dass die Geschichte der Brauerzunft der Stadt voll von werbewirksamen Informationen ist. Das Material hat der kürzlich verstorbene Stadtarchivar vorbildlich zusammengestellt. Sie bieten sich an, den Mitgliedern das Wichtigste zu erzählen. Was machen Sie?

Eigene Hinweisreize setzen

Natürlich kopieren Sie den Text des Archivars erst einmal und lesen ihn genau.

Sie kommen zum Jahr 1783. Da wurde der Zunftmeister verhaftet. Er hatte Zunftgelder für sich abgezweigt, um die Versorgung seines illegitimen Sohnes Rupprecht in einer Pflegefamilie finanzieren zu können. Sie lesen das Vernehmungsprotokoll. Das ist so spannend, dass Sie sich alles mühelos merken. Sie müssen nur noch sicherstellen, dass Sie den Effekt nicht verschenken. Die Geschichte braucht den besten Zeitpunkt, um gut zu wirken. Da hilft ein Hinweisreiz, etwa »1783 Rupprecht«. Den vermerken Sie an der passenden Stelle in Ihren Stichworten, die Sie ohnehin mitnehmen. Es wird Ihre ureigene Hilfe sein – niemand anders kann etwas damit anfangen.

Der Rest des Archivs enthält keine solchen Geschichten. Um ihn zu behalten, brauchen Sie mehrere Hinweisreize. Markieren Sie dafür wichtige Begriffe und Zahlen im Text und schreiben Sie sich wenige Stichworte an den Rand. Beides gibt zum Beispiel Aufschluss über: Wann wurde welche Brauerei gegründet, wann gab es wie viele, wie groß waren sie, welche Gasthäuser betrieben sie, wann wurden sie warum für wie viel Geld verkauft und was hatte das mit der Stadtgeschichte zu tun? Jede Markierung und jedes Stichwort am Rand ist ein Hinweisreiz. Jeder einzelne trägt dazu bei, den Inhalt zu verstehen und ihn aufzunehmen. Später ermöglichen sie, dass Sie sich im Text schnell orientieren und alles Wichtige wiederfinden.

WISSEN

Wie falsche Erinnerungen entstehen

Hinweisreize erleichtern das Erinnern. Sie legen einen roten Faden durch das Geschehen, an dem sich das Gedächtnis festhalten kann; so ersparen sie uns, alles wörtlich behalten zu müssen. Auf der Spur des roten Fadens liegen die »echten« Inhalte. Doch direkt daneben können Köder liegen, die den echten Inhalten nur ähnlich sind; manchmal schnappt das Gedächtnis nach denen. Das sind falsche Erinnerungen – Inhalte, die passen könnten, aber es nicht tun. Besonders häufig sitzen wir falschen Erinnerungen auf, wenn wir Inhalte nur wiedererkennen müssen. Hätten wir Sie also bei der Liste auf Seite 19 gefragt, ob »Jacke« dabei war, hätte fast jeder Zweite von Ihnen »ja« gesagt.

Hinweisreize bei der Wiedergabe nutzen

- Notieren Sie Gliederungspunkte. Nehmen Sie solche, mit denen Sie persönlich etwas anfangen können.
- Zählen Sie durch, wie viele Punkte Sie haben, und merken Sie sich die Anzahl.
- Nützen Sie Hinweisreize aus verschiedenen Sinneskanälen. Denken Sie dabei nicht nur in Worten, sondern ruhig auch in Bildern, Farben, Formen, Tönen, Geräuschen und Melodien, Gerüchen oder Geschmack.
- Auch externe Gedächtnishilfen sind eigentlich nur Hinweisreize, etwa der berühmte Knoten im Taschentuch.
- Schreiben Sie die Hinweisreize übersichtlich auf einen Spickzettel, eine Folie oder in eine Beamer-Präsentation.

Mit alledem können Sie die Dinge zuverlässig abrufen, und zwar in der richtigen Reihenfolge. Falls Sie dann mehr sagen, als jeder auf der Leinwand lesen kann, wirkt es wie ein freier Vortrag.

Das Gedächtnis testen

Wahrscheinlich geht es Ihnen ein wenig wie Menschen, die an Gedächtniskursen teilnehmen. Die haben immer sehr verschiedene individuelle Fragen, aber eine teilen die meisten: Sie wollen wissen, ob ihr eigenes Gedächtnis in Ordnung ist. Um diesen Punkt geht es auf den nächsten Seiten. Dass wir ein ganzes Kapitel dafür reservieren, gibt Ihnen bereits den ersten Hinweis: ganz so leicht ist das nicht zu entscheiden.

Wie viel können Sie sich merken?

Lesen Sie sich die folgenden zwölf Wörter einmal langsam selbst vor. Wenn Sie damit fertig sind, legen Sie das Buch weg, nehmen einen Stift und schreiben so viele Wörter auf, wie Ihnen noch einfallen, gleich, in welcher Reihenfolge. – Drehen Sie danach das Blatt um. Achten Sie zunächst nicht darauf, wie viele Wörter Sie haben und vergleichen Sie noch nicht. Decken Sie stattdessen die erste Liste ab und lesen die zweite Liste auf die gleiche Weise. Dann legen Sie das Buch weg und schreiben auf, was Ihnen noch davon einfällt. Versuchen Sie erstmal, bewusst keine Tricks anzuwenden.

Hier die Liste 1:
Stall – Bett – Gitarre – Sandkasten – Ahorn – Wand – Kreuzung – Buch – Kaufhaus – Kette – Blei – Minze.

Hier die Liste 2:
Bleistift – Teller – Auto – Tasse – Fahrrad – Füller – Filzstift – Weinglas – Motorroller – Gabel – Bus – Kugelschreiber.

Jetzt zählen Sie, wie viele Wörter Ihnen bei jeder Liste eingefallen sind und vergleichen das. Streichen Sie alle, die Sie vielleicht doppelt haben, aber auch alle, die gar nicht auf der Liste waren. Was übrig bleibt, zählt.

Die zweite Liste war kategorisierbar, und deshalb haben Sie daraus wahrscheinlich mehr richtige Wörter behalten. Selbst wenn Sie absichtlich nicht nach Kategorien gesucht haben, wirkten sie trotzdem als Hinweis. Gäbe es »das« Gedächtnis wenigstens für Wörter, müsste eine Wörterzahl Ihre »wahre« Kapazität spiegeln. Welche der beiden?

WISSEN

Wenn sich Lernstoffe gegenseitig stören – Interferenz

Es behindert die Speicherfähigkeit ein wenig, wenn wir zu viele ähnliche Dinge durcheinander lernen. Hätten Sie also nach der zweiten Liste aus diesem Kapitel plötzlich wieder die Wörter der ersten hervorholen wollen, wäre Ihnen das sicher besonders schwer gefallen. Die beiden hätten sich nämlich gestört. Das nennt man »Interferenz«, ganz wie in der Physik: Wenn Sie zwei Steine ins Wasser werfen, entwickeln sich zwei konzentrische Kreissysteme. Irgendwann treffen die sich, und dann kann keiner der Kreise sich mehr weiter ausdehnen. Die Schlussfolgerung: Lernen Sie nicht zu viel vom Gleichen hintereinander – und nichts, was sich widersprechen könnte.

Falls Sie bei der zweiten Liste noch einen Zug, eine U-Bahn, ein Bierglas oder ein Messer »dazuerfunden« haben, ist das eine »falsche Erinnerung«.

Kann man das Gedächtnis objektiv beurteilen?

Die Gedächtnisspanne allein sagt nicht genug aus über das Gedächtnis.

Wie Sie schon wissen, können die meisten Leute bis 50 bei einer Liste ohne Kategorien mindestens fünf Wörter behalten, fast niemand mehr als neun. Später im Leben wird es kontinuierlich etwas weniger, aber nicht dramatisch. Allerdings: ist jemand, der oder die sich sieben Wörter merkt, wirklich besser als jemand, der nur sechs behält? Und, mindestens genauso wichtig: Ist es egal, welche Wörter wir hernehmen, solange sich keine Kategorien aufdrängen? Und: könnte man aus diesem Ergebnis hochrechnen, wie das Gedächtnis dieser Person »wirklich« ist?

Damit Sie einordnen können, wie gut »Ihr« Gedächtnis ist, müssen wir alle diese Fragen auch noch beantworten. Es liegt auf der Hand, dass das nicht per Handstreich geht.

Warum es so schwierig ist, geistige Fähigkeiten zu messen

Zwanzig Menschen – falls Kinder dabei sind, noch mehr – können sich leicht der Größe nach aufstellen. Alle sind sich einig, wie die Reihe auszusehen hat, zumindest wenn nicht zu viele gleich Große dabei sind. Damit kennen wir die relative Größe dieser 20 Personen, ihren Platz oder – statistisch gesprochen – ihren Rang. Das ist das Erste. Das Zweite: Man kann neben jede Person in der Reihe einen Maßstab aus Holz oder Metall halten, der heute für gewöhnlich in Zentimeter eingeteilt ist. Damit können wir allen einen Zahlenwert zuordnen und außerdem sagen, wie groß der Abstand zwischen zweien ist. Unser hölzerner Meterstab liefert eine absolute Größe.

Bei geistigen Fähigkeiten wie dem Gedächtnis ist das anders. Schon eine Rangliste ist nicht möglich: seine vielen Facetten passen einfach nicht in eine einzige Reihe. Doch selbst wenn wir uns beispielsweise auf das explizite Gedächtnis für Wortlisten beschränken würden: Sind dann zwei Menschen genau gleich gut, wenn sie sieben Wörter schaffen – auch wenn sich der eine anstrengt, der andere nicht? Wie soll man es interpretieren, wenn der eine mit Anstrengung sieben schafft, der andere mühelos sechs? Schließlich ist beides »normal«. Und von einem klaren Maßstab ist sowieso nichts zu sehen.

Und schließlich: wir können das Gedächtnis weder sehen noch greifen. Es »besteht« aus Vorgängen. Also brauchen wir einen Maßstab, der Vorgänge erfasst und bewertet. Beobachten kann man aber nur, was die Person wiedergibt. Das ist das Ergebnis des Abrufs, und der ist nur Teil des dreistufigen Gedächtnisvorgangs.

Gedächtnisaufgaben unterscheiden sich

Bevor wir »Gedächtnis« messen, müssen wir außerdem entscheiden, welche Facette wir beobachten wollen: implizites oder explizites Gedächtnis, Langzeit-, Kurzzeit- oder speziell das Arbeitsgedächtnis. Beim expliziten Gedächtnis ist es außerdem ein Unterschied, ob wir uns Bilder oder Wege einprägen, Wörter oder Geschichten, und ob wir diese lesen oder hören. Beim impliziten Gedächtnis ist es zum Beispiel zweierlei, ob es sich um Bewegungen oder Gefühle handelt.

Eine Aufgabe prüft nur dann tatsächlich das Gedächtnis, wenn sie kein besonderes Wissen verlangt und für die Versuchsperson neu ist. Das Ergebnis muss eindeutig sein und man muss einen »Maßstab« daran anlegen können. Der muss nicht nur die Qualität der Wiedergabe bewerten, sondern auch einkalkulieren, ob die Person dabei Inhalte aktiv wiedergibt und ob sie dafür einen Hinweisreiz bekommt, oder ob sie lediglich wiedererkennt.

Gedächtnisaufgaben müssen spezifisch und eindeutig sein.

29

1 Grundlagen

An einem Gedächtnistest teilnehmen

Objektive Gedächtnistests gibt es auf Papier oder am Computer.

Wie »gut« Ihr Gedächtnis im Vergleich zu anderen ist, können Sie nur feststellen, nachdem Sie einen Test bearbeitet haben. Viele Tests ähneln der Wörterliste am Anfang dieses Kapitels, bei anderen muss man zum Beispiel einfache Figuren aus dem Gedächtnis nachzeichnen. Bearbeiten kann man Tests am Computer oder mit Papier und Bleistift. Wenn Sie am Computer sitzen, erscheinen erst die Arbeitsanweisung auf dem Bildschirm und dann die Aufgaben, jede eine festgelegte Zahl von Sekunden. Das Computerprogramm vermerkt intern bei jeder Antwort, ob sie richtig ist oder nicht, manchmal auch, wie viel Zeit vergeht, bis Sie antworten. Sobald Sie eine Aufgabe gelöst haben, geht das Programm zur nächsten, wie ein Zeremonienmeister.

Bei einem gedruckten Test brauchen Sie einen »Zeremonienmeister« aus Fleisch und Blut. Dieser »Testleiter« erklärt Ihnen die Aufgabe, zeigt Ihnen Bilder, die Sie sich einprägen sollen, oder liest Ihnen Wörter vor. Zum Schluss bewertet er das Ergebnis. – Sie können es auch ganz alleine machen, aber das ist anders. Wenn Sie eine Wörterliste lesen, sehen Sie unweigerlich aus dem Augenwinkel, wie es weitergeht. So nehmen Sie jedes Wort mehrmals auf, und zwar länger als vorgesehen. Damit lernen Sie alleine nicht ganz genauso wie mit einem Testleiter.

Schließlich brauchen wir Regeln, wie wir die Einzelleistungen zusammenfassen und welchen Maßstab wir an sie anlegen. Erst mit einem Maßstab können wir eine Leistung als gut oder schlecht bewerten. Diese Regeln beruhen auf Statistik.

Was einen Gedächtnistest auszeichnet

Ein psychologischer Test mag komplizierter sein als ein Meterstab, ähnliche Anforderungen muss er trotzdem erfüllen. So muss ein Meterstab objektiv sein: er darf weder in den Händen eines Kindes schrumpfen noch sich in den Händen eines Erwachsenen ausdehnen. Er muss zuverlässig messen: ob nachts oder tags, bei Schnee oder Hitze, gestern oder übermorgen gemessen wird – das Ergebnis muss immer gleich sein. Deswegen ist Holz als Material geeignet, Quecksilber oder Teer sind es nicht. Außerdem muss er die Länge gültig messen: er darf nicht die Schattenfläche oder das Gewicht anzeigen. Und schließlich ist er normiert: ein Meter ist auf jedem Meterstab gleich lang.

Wie ein Test allgemein aussehen muss

Tests müssen ganz ähnliche Anforderungen erfüllen wie ein Meterstab, damit sie als psychologischer Test bezeichnet werden dürfen.

- **objektiv:** Es ist egal, welcher Testleiter den Test vorgibt. Er muss sich lediglich an Vorgaben halten, zum Beispiel daran, wie schnell Zahlen oder Wörter vorzulesen sind.
- **zuverlässig:** Das Testergebnis hängt nicht davon ab, ob am 4., 12. oder 27. eines Monats getestet wird.
- **gültig:** Der Test misst das, was er sagt; ein Gedächtnistest misst also Gedächtnis und nicht das räumliche Vorstellungsvermögen, nicht das abstrakte Denken und nicht, wie gut jemand Entfernungen schätzen kann – obwohl all das auch Gedächtnis erfordert; aber es erfordert eben einiges mehr.

HIILFREICH

Was Sie vor einem Gedächtnistest beachten sollten

Was Sie in einer Situation geistig leisten können, hängt von vielen Bedingungen ab: welche prinzipiellen Fähigkeiten Sie haben, wie fit Sie gerade sind, wie gut ernährt, ob Sie seelisch ausgeglichen sind oder Angst haben, wie gut Sie geschlafen haben, und ob Sie überhaupt einen Gedächtnistest machen wollen. Wer nicht motiviert ist, bringt auch nichts zustande, egal, wie gut das sogenannte »Potenzial« ist.

Sind Sie schwerhörig und man spricht Ihnen die Aufgabe zu leise vor, dann misst ein Test unter Umständen mehr Ihr Gehör als Ihr Gedächtnis. Sind Sie älter und haben keine Lesebrille dabei, ist es unsinnig, wenn Sie Bilder nachzeichnen.

Nehmen Sie an einem Gedächtnistest nur dann teil, wenn alle Bedingungen gut sind.

■ **normiert:** In einer Tabelle ist abzulesen, welche Testleistung wie gut ist. Jeder Normtabelle liegen die Ergebnisse von meist mehreren hundert Testpersonen zugrunde. Sie zeigt, ob ein erzieltes Testergebnis normal, unter- oder überdurchschnittlich ist.

Ein Gedächtnistest muss vier Anforderungen erfüllen.

Der vierte Punkt ist reine Statistik, die ersten drei sind intuitiv leicht zu verstehen; wie gut ein konkreter Test sie jeweils einhält, muss man trotzdem statistisch überprüfen.

Was muss man bei einem psychologischen Gedächtnistest tun?

Die meisten Gedächtnistests erfassen deklarative, explizite Gedächtnisleistungen. Man muss sich Wörter oder Geschichten merken, geometrische Figuren aus dem Gedächtnis nachzeichnen oder wiedererkennen, Wege markieren oder Ähnliches.

Ein guter Gedächtnistest verwendet relativ kurze und konkrete Reize, die jeder sofort verstehen kann. Der »Donaudampfschifffahrtsgesellschaftskapitän« ist ungeeignet, weil er zu lang ist, abstrakte Wörter wie »Güte« sind weniger geeignet als konkrete wie »Tisch«. Das liegt daran, dass wir bei kurzen, konkreten Wörtern schneller wissen, was gemeint ist.

Publizierte Gedächtnistests sind immer normiert, aber man darf sie nicht einfach abdrucken. Sie können aber trotzdem einigermaßen einschätzen, wie »gut« Sie sind, indem Sie die Aufgaben auf den Seiten 38 und 39 bearbeiten. Sie sind analog zu einem echten Test aufgebaut.

Nicht normiert – wozu dienen experimentelle Gedächtnisaufgaben?

Normierte Tests braucht man, um herauszufinden, ob jemand besser oder schlechter ist als andere Leute. Dafür interessieren sich Gedächtnisforscher nicht unbedingt. Sie wollen experimentell herausfinden, wie verschiedene Menschen bestimmte Aufgabentypen lösen, Junge im Vergleich zu Alten, Ausgeschlafene im Vergleich zu Müden, Kranke im Vergleich zu Gesunden.

Deshalb erfinden sie meistens Aufgaben, die auf dieses Experiment zugeschnitten sind, explizite wie implizite. Eine typische implizite Gedächtnisaufgabe ist das Spiegelzeichnen: Die Versuchsperson bekommt eine Vorlage zum Abzeichnen, sieht ihre Hand aber nicht direkt, sondern ausschließlich im Spiegel. Eine andere ist die »serielle Reaktionsaufgabe«: Auf einem Computerbildschirm erscheinen abwechselnd Sternchen in den vier Quadranten. Wenn das Sternchen links oben aufblinkt, drückt die Testperson die F1-Taste, rechts oben F2 und so weiter. Die Sternchen blinken nach einem System auf. Kognitiv-bewusst kann man dieses System nicht erfassen, implizit lernen kann man es sehr wohl; es ist eine klassische Prozedur. In beiden Aufgaben geht es darum, wie schnell man Routine bekommt.

Bei impliziten Gedächtnisaufgaben lernt man, ohne es zu merken.

Mit Mnemotechnik lässt sich ein Test aushebeln

Michael Maier – der in Wirklichkeit anders heißt – nahm an einem Gedächtniskurs teil. Zu Beginn sollten sich die Teilnehmer 20 Wörter einer Liste einprägen. Herr Maier schaffte das schnell, vollständig und in der richtigen Reihenfolge.

Das war Gedächtniskunst, Mnemotechnik. Herr Maier griff zunächst auf seine Basis-Assoziations-Technik zurück. Mit der hatte er in seinem Kopf schon lange jede Zahl zwischen 1 und 20 fest mit einem Bild verknüpft. Damit war sie für ihn nachhaltig verschlüsselt – die 1 als Haus, die 2 als Auto, die 3 als Ritter und so weiter bis 20.

Die ersten drei Wörter auf der Testliste im Kurs waren Hund, Stuhl und Bach. Jedes dieser Wörter verschlüsselte Herr Maier als kleine Geschichte, indem er jede Verdrahtung mit einem weiteren Bild verband: Der Hund kommt aus dem Haus (= 1), der Stuhl liegt auf dem Dachträger des Autos (= 2) und der Ritter watet durch einen Bach (= 3). So ging es weiter bis 20.

Mit dieser Methode, dieser Mnemotechnik, kann sich Herr Maier 20 Begriffe leicht in kürzester Zeit einprägen. Doch genau damit sprengt er jeden Test, der Wörterlisten als Indikator für explizites Gedächtnis nutzt. Weil er Mnemotechniken nutzt, misst ein solcher Test nicht sein natürliches explizites Gedächtnis für Wörterlisten. Er misst nur, wie gut er die Mnemotechnik beherrscht. Mit solchen Aufgaben kann man Michael Maiers Gedächtnis nicht mehr testen.

Diese spezielle Technik des Herrn Maier funktioniert übrigens nicht, wenn er sich Geschichten merken, Wörter einer Fremdsprache behalten, Geige üben oder bessere Fotos machen will. Indirekt hilft sie ihm dennoch, weil er schnell Assoziationen jeder Art erfinden kann.

Hängen Gedächtnis und Intelligenz zusammen?

Früher hatte ein »heller Kopf« Verstand, heute eher Intelligenz, wörtlich ist es fast dasselbe: Intelligenz bedeutet Einsicht. Gibt es also Verstand bei schlechtem Gedächtnis oder gutes Gedächtnis mit wenig Verstand?

Intelligente Kinder haben auch ein gutes Gedächtnis – später im Leben schwächt sich der Zusammenhang ab.

Kinder mit sehr gutem explizitem Gedächtnis sind auch intelligenter als andere, und intelligente Kinder können sich besonders viel merken. Schon bei Jugendlichen ist das nicht mehr so. Vielleicht kennen Sie auch jemanden mit einem ausgezeichneten (expliziten) Gedächtnis, der nicht als große Leuchte gilt und eher als »wandelndes Lexikon« belächelt wird. Tatsächlich ist ein sehr gutes Gedächtnis ab dem Jugendalter kein sicheres Zeichen mehr für hohe Intelligenz. Es gibt sogar unterdurch-

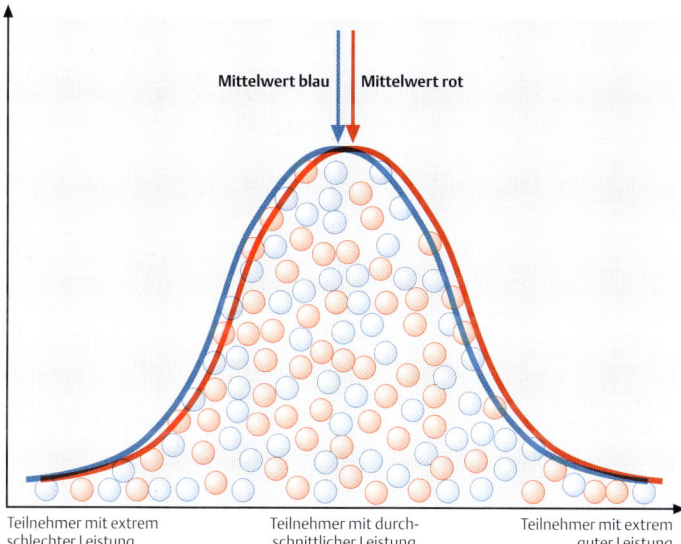

Mittelwert blau | Mittelwert rot

Teilnehmer mit extrem schlechter Leistung   Teilnehmer mit durch-schnittlicher Leistung   Teilnehmer mit extrem guter Leistung

▲ Leistungen von zwei Gruppen – »Rote« und »Blaue« –, Frauen und Männer, Jüngere und Ältere, Maurer und Manager. Rote und Blaue gibt es überall. Trotzdem ist der Mittelwert der Roten etwas höher. Nur eine statistische Berechnung kann bei der Entscheidung helfen, ob das bedeutet, dass die Roten wirklich »besser« sind als die Blauen, oder ob der Unterschied zufällig zustande kam.

schnittlich intelligente Menschen, die sich ganz eng umschriebene Inhalte extrem gut merken können, Zahlen zum Beispiel. Man nennt sie »Idiots Savants«, »wissende Dumme«.

Genauso gibt es normal Intelligente mit einem äußerst mäßigen Gedächtnis. Nur im Extrem geht es wieder Hand in Hand: hochintelligente Menschen können sich auch recht viel merken, und besonders einfältige tun sich auch mit dem Gedächtnis schwer.

Beim impliziten Gedächtnis gibt es nicht einmal diese Zusammenhänge. Denken Sie an Boxer oder Profifußballer. Die einen brauchen auf dem Platz ein sehr gutes implizites Gedächtnis, müssen aber nicht durch intellektuelle Hochleistung auffallen.

Schneiden Frauen und Männer bei Gedächtnistests gleich ab?

Die Küchenpsychologie behauptet, Männer könnten nicht zuhören und Frauen nicht einparken. Die wissenschaftliche Psychologie ist da erheblich vorsichtiger, auch beim Gedächtnis. Bei allen geistigen Leistungen unterscheiden sich einzelne Menschen gewaltig, die Geschlechter als Gruppe dagegen minimal.

Es ist ungefähr so: Normalerweise merken sich die Leute zwischen 3 und 10 Wörter, die allermeisten aber zwischen 5 und 9. Testet man nun 500 Frauen und 500 Männer und berechnet den Mittelwert der beiden Gruppen, liegt dieser bei beiden Gruppen knapp unter 7. Sie unterscheiden sich um nicht einmal 0,2 Punkte. Ist das jetzt verschieden oder gleich? Entscheiden lässt sich das nur statistisch.

So ist jemand, der einen Intelligenzquotienten (IQ) von 101 hat, nicht wirklich intelligenter als jemand mit 99. Statistisch sind 99 und 101 nämlich fast dasselbe. So ähnlich ist es mit den 0,2 Punkten Unterschied beim Gedächtnis. Den numerisch höheren Wert erreichen übrigens die Frauen.

Die anderen erschüttern ihren Verstand bei jedem Boxkampf, doch ihrer (impliziten) Leistung muss das keinen Abbruch tun. – Musiker dagegen benötigen sowohl implizites als auch explizites Gedächtnis, und beide müssen gut sein; ihre Intelligenz verteilt sich wie bei anderen Menschen auch. Bei Hochintelligenten ist umgekehrt das implizite Gedächtnis normal verteilt: Es reicht von den »zwei linken Händen« bis zur hohen Fingerfertigkeit.

Im Alter verschieben sich die Gedächtnisschwerpunkte

Die Gedächtnisspanne wächst während der Kindheit und ist mit ungefähr 17 Jahren am größten. Ab dann verkürzt sie sich minimal und etwas mehr, wenn wir älter werden. Das Ausmaß ist aber sehr lange nicht dramatisch. Es ist es kein Grund, mit 55 die Hände in den Schoß zu legen, und schon gar nicht rechtfertigt es, 60-Jährige in Frührente zu schicken.

Konkret sieht es so aus: Nehmen wir einen Test wie den auf den folgenden Seiten. 300 Personen haben ihn bearbeitet. Hundert davon sind jung und zwischen 15 und 29 Jahre alt, hundert sind mittelalt und zwischen 30 und 50, hundert sind älter als 50 Jahre. Dann behalten die Jungen im Schnitt 7,4 Wörter, die Mittelalten 6,75 und die Älteren nur noch 6. Das ist der Mittelwert. Trotzdem haben auch viele Jüngere höchstens 6 Richtige geschafft: immerhin 40 Prozent.

Das tröstet Personen wenig, die im Alter endlich etwas ganz Neues lernen wollen – vielleicht Sanskrit oder Chinesisch –, und betrübt feststellen, dass ihre Gedächtnisspanne geschrumpft ist. Der gewöhnliche Alltag kann sie trösten – dort fällt das nämlich nicht sehr ins Gewicht. Denken Sie an sich selbst: Wenn Sie jung sind, müssen Sie viele Themen erkunden, die nichts miteinander zu tun haben. Diese Informationen müssen Sie anwenden und zu einem Weltbild integrieren. Sind Sie älter, dann verfügen Sie bereits über viel mehr Wissen; sehr oft sind neue Informationen nicht absolut neu, sondern sie ergänzen das vorhandene Wissen. Dann können Sie Eselsbrücken anbauen. In Ihrem Fachgebiet kann Ihr Gedächtnis deshalb mit den Jungen mithalten, in Sanskrit und Chinesisch nicht. Seien Sie also nachsichtig mit sich. Nur falls Ihr Gedächtnis erheblich schlechter wurde, sollten Sie es professionell testen lassen, etwa in einer psychologischen Praxis.

Test – Wie gut ist Ihr Gedächtnis?

Hier finden Sie zwei Beispielaufgaben dafür, wie deklarative Gedächtnistests aussehen. Diese Aufgaben sind nicht normiert, aber Anhaltspunkte gibt es trotzdem, wie gut Sie sind. Aufgabe 1 ist eine Wörterliste, Aufgabe 2 eine Geschichte.

Lassen Sie sich Aufgabe 1 von einer Person Ihres Vertrauens vorlesen, langsam und nicht besonders betont. Falls Sie niemanden haben, der das tun kann, lesen Sie es sich selbst laut vor. Bedenken Sie aber, dass das nur die zweitbeste Lösung ist.

Danach schreiben Sie so viele Wörter auf, wie Sie noch wissen. Setzen Sie sich nicht unter Druck, probieren Sie es aus. Machen Sie dann eine kleine Pause und bearbeiten Sie genauso Aufgabe 2: vorlesen lassen und dann alles aufschreiben, woran Sie sich erinnern können.

Erste Aufgabe

Haus – Wiese – Schwan – Sense – Türe – Sonne – Ziege – Bäcker – Klavier – Ratte – Bretter – Leinwand – Suppe – Mütze – Rücken

Zweite Aufgabe

Am Samstagnachmittag ging Monalisa mit Herbert in den Park. Als sie ankamen, begann es zu regnen. Sie hatten keinen Schirm dabei, deshalb suchten sie eine Möglichkeit, sich unterzustellen. Unter einem großen Baum hielten sie es nicht lange aus. Aber von dort aus konnten sie ein kleines Häuschen sehen; sie liefen hin. Es war ein kleines Lokal. Dort feierte Hansi Kurz seinen 30. Geburtstag. Die meisten Leute hatten bereits zu viel getrunken. Einer der Männer kam auf die beiden zu und wollte Herbert ein großes Glas Bier in die Hand drücken. Herbert nahm es nicht an. Da wurde der Mann wütend und ging auf Herbert los. Herbert und Monalisa schafften es gerade noch nach draußen. Der Regen war stärker geworden und sie wurden ziemlich nass. Aber sie waren froh, dass sie nicht verletzt waren.

Auswertung Aufgabe 1:
- 10 oder mehr richtige Wörter: Falls Sie die Liste nur einmal gehört haben, sind Sie extrem gut. Nur einer von 20 Gesunden schafft genauso viel oder mehr.
- 8 und 9 Richtige: Sie sind besser als der Durchschnitt.
- 5 bis 7 Richtige: Sie liegen im Durchschnitt.
- 3 oder 4 Richtige: Das ist relativ wenig. Bei den Über-50-Jährigen erinnern sich drei Viertel an mehr als vier Wörter, bei den Jüngeren noch etwas mehr. Haben Sie wirklich gut aufgepasst? Haben Sie es ernsthaft versucht und sind sicher, früher viel mehr behalten zu haben? Dann wäre es vielleicht sinnvoll, sich einmal »echt« testen zu lassen.

Auswertung Aufgabe 2:
Vergleichen Sie wie viele der wichtigen Aussagen im Text Sie aufgeschrieben haben; es waren:

Samstagnachmittag – Monalisa – Herbert – Park – Regen beginnt – kein Schirm – Platz zum Unterstellen suchen – großer Baum – kleines Haus sehen – hinlaufen – kleines Lokal – Hansi Kurz – 30. Geburtstag – zu viel getrunken – Männer – Herbert – großes Glas Bier in der Hand – Herbert nimmt es nicht – der Mann ist wütend – Mann geht auf Herbert los – die beiden schaffen es nach draußen – Regen stärker – nass geworden – froh – nicht verletzt.

Mindestens zwölf bis dreizehn Einzelheiten sollten Sie schon haben, und falls Sie knapp unter 20 Jahre alt sind, eher 15 – dann ist Ihr Gedächtnis noch durchschnittlich. Extrem gut ist es, wenn Sie mindestens 18 Einzelheiten behalten haben, und falls Sie jünger sind, etwa 20. Jenseits der 55 sind auch elf Einzelheiten noch normal. Jenseits der 65 gehören Sie bereits mit 17 Richtigen zu denen, die besonders gut sind. Weniger als sieben sollten Sie auch mit 65 nicht haben.

Was spielt sich im Gehirn ab?

Wäre Ali Babas Bruder Casim dem Tode entronnen, wenn er mehr über die Psychologie des Gedächtnisses gewusst und angewendet hätte? Vermutlich schon: Dann hätte er einkalkuliert, dass ihn die Situation ungewöhnlich fesseln und damit als Interferenz wirken könnte. Damit ihm diese den Zugang zum Zauberwort nicht versperrte, hätte er eine externe Hilfe eingesteckt: einen Spickzettel.

Hätte es ihn auch gerettet, wenn er mehr über sein Gehirn und seine Nervenzellen gewusst hätte, die Neuronen? Wenn er gewusst hätte, was sich dort abspielt, sobald er sich an etwas erinnern will? Das ist weniger wahrscheinlich, denkbar ist es schon. Sie erfahren das Wichtigste darüber in diesem Kapitel.

Gedächtnis gehört zur Grundausstattung aller Lebewesen. Die Menschen merkten sich deshalb immer schon das meiste, was sie brauchten. Zusätzlich entwickelten sie früh psychologische Methoden, mit denen sie ihr Gedächtnis verbesserten.

Drogen beeinflussen meist auch das Gedächtnis

Die biologischen Experimente waren gefährlicher. Die Menschen experimentierten vor allem mit Alkohol und Nikotin, Fliegenpilzen und Hexensalbe, Opium und Koffein, Marihuana und Koka. Mit diesen Stoffen suchten sie ihrer begrenzten Wirklichkeit zu entkommen, auch der geistigen. Der Erfolg war gemischt. Einige Experimente hinterließen Kranke, manche sogar Todesopfer. Die Wirkungen ließen sich nicht eingrenzen und man wusste nicht, warum. Sogar den Bruder Ali Babas könnte es getroffen haben. Er war zweifellos aufgeregt. Was also wäre näher gelegen, als sich ein wenig Mut einzuflößen, etwa mit Alkohol oder Opium? Die machen zwar süchtig, aber kurzfristig können sie Angst lindern. Eine akute Nebenwirkung kannte Casim vielleicht noch nicht: Sie stören das Gedächtnis.

Alkohol und Opium stehen nicht allein – praktisch alle Drogen beeinträchtigen das Gedächtnis. Es gibt Ausnahmen, vor allem Koffein und Nikotin. Doch heute sind alle Drogen leicht zu beschaffen. Deshalb müssen wir uns rechtzeitig überlegen, ob wir damit experimentieren und unter Umständen unser Gedächtnis gefährden wollen.

Grundlegendes aus der Gehirnforschung

Das eine sind die Stoffe, das andere ist die Anatomie – was nicht heißt, die beiden wären unabhängig voneinander. Sehr leicht sieht man das am Äthanol, dem (Äthyl-)Alkohol. Er gelangt mit dem Blut ins Gehirn und spätestens ab einem halben

Promille beeinträchtigt Alkohol das Gedächtnis. Langfristig wirkt er noch viel fataler: zumindest mittelbar kann er das Gehirn regelrecht auflösen.

Was Neurowissenschaftler wissen wollen

Schon im 19. Jahrhundert untersuchten Carl Wernicke in Deutschland und Sergei Korsakow in Russland verwirrte Patienten, die ihr explizites Gedächtnis verloren hatten. Der Hintergrund war eine längerdauernde Mangelernährung, meist chronischer Alkoholismus. Im Gehirn jedes dieser Patienten waren Blutungen aufgetreten, und zwar genau in den Teilen, die für das Gedächtnis wesentlich sind. Sie verursachten dieses »amnestische Syndrom«, den kompletten Verlust des expliziten Lernvermögens; es heißt heute Korsakow-Syndrom.

Heute würde man Wernicke und Korsakow als Neurowissenschaftler bezeichnen. Heutige Neurowissenschaftler untersuchen interdisziplinär viele Fragen wie: Wie viel Gehirn brauchen wir überhaupt? Arbeitet das Gehirn immer als Ganzes oder sind einzelne Teile spezialisiert? Wie intensiv tickt es jeweils? Können wir das beeinflussen – bei uns selbst und bei anderen? Was tut es, wenn wir gehen, lachen, denken, uns etwas merken? Und schließlich: Spielen beim Gedächtnis bestimmte Moleküle eine Rolle? Könnte man sie als Medikament einnehmen?

Das Gehirn arbeitet pausenlos – auch im Schlaf

Sobald wir uns (geistig) betätigen, ist das Gehirn an umschriebenen Stellen besonders aktiv.

Wie das Gehirn anatomisch aussieht, wissen wir inzwischen gut (siehe S. 46–47). Was es wann wie tut – genauer: seine Neuronen –, wird intensiv untersucht. Eindeutig ist, dass es ohne Pause arbeitet, auch im Schlaf. Wenn es damit aufhört, sind wir tot. Sobald wir jedoch etwas tun, wird es an bestimmten Stellen noch aktiver. Auch wenn wir etwas ins Gedächtnis speichern oder von dort wiedergeben, sind ganz bestimmte Hirnareale besonders aktiv.

WISSEN

Was misst ein Elektroenzephalogramm (EEG)?

Das Flüstern der Synapsen – das sind die Kontaktstellen der Nervenzellen (mehr dazu auf Seite 50) – kann man nicht hören, aber man kann es in Bilder übersetzen. Die elektrischen Potenziale tausender Synapsen an der Hirnoberfläche schwanken ständig. Das erzeugt eine elektrische Spannung, die man mit Elektroden auf der Kopfhaut messen, elektrisch verstärken und im Elektroenzephalogramm (EEG) abbilden kann. Diese Rhythmen werden mit griechischen Buchstaben benannt. Die schnellsten heißen Gamma, das ist hochkonzentriertes Wachsein, dann folgen mit Beta und Alpha aktives und entspanntes Wachsein. Langsame Theta- und sehr langsame Deltawellen sind typisch für Schlaf. Das EEG ist zeitlich sehr genau; es zeigt Spannungsänderungen im Abstand von Millisekunden an. Räumlich ist es weniger genau; der Ort, von dem das Signal kommt, lässt sich nicht millimetergenau bestimmen.

Welches Hirnareal wofür zuständig ist, erschloss sich lange Zeit nur auf einem Weg: über Leistungsausfälle von Patienten, deren Gehirn geschädigt war, zum Beispiel durch einen Schlaganfall. Inzwischen haben wir rein technische Methoden, mit denen wir bei Gesunden das Gehirn in Aktion beobachten können. EEG-Maße zeigen, wo es bei einer Tätigkeit aktiv ist, bildgebende Verfahren (siehe S. 45), wo gerade besonders viel Blut durchströmt und viel Energie verbraucht wird.

Das Gehirn in Aktion beobachten

Die Gehirnforschung hat einige Fragen zum Gedächtnis beantwortet. Doch wenn man, wie es so schön heißt, »dem Gehirn bei der Arbeit zuschaut«, liefert das nicht automatisch anwendbare harte Fakten. Man sieht zwar, dass und wo es arbeitet. Man sieht aber nicht, womit es sich beschäftigt; deshalb kann man nicht einfach ablesen, welche Struktur für welche Fähigkeit zuständig ist. Will man das herausfinden, muss man mit den Aufgaben beginnen. Im Fall Gedächtnis schließen wir: Bearbeitet jemand eine Gedächtnisaufgabe und sein Gehirn wird währenddessen an ganz bestimmten Stellen aktiver, dann

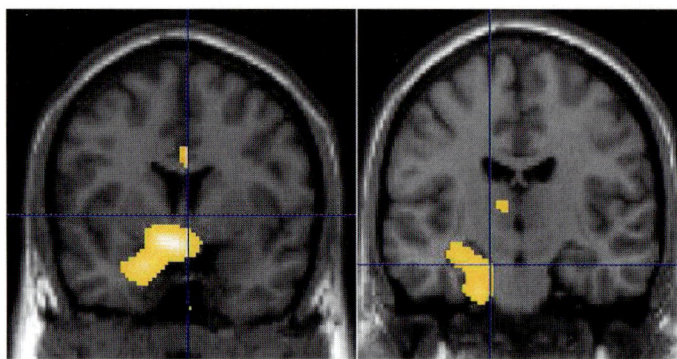

▶ Funktionelle Bildgebung – an diesen Stellen ist das Gehirn aktiv, wenn wir lernen: Hippocampus, Gyrus parahippocampalis, entorhinaler Kortex und Cingulum (gelb).

sind diese Stellen auch für das Gedächtnis zuständig. Stellen Sie sich aber vor, jemand bearbeitet Aufgaben mit Wörtern am Bildschirm; die Wörter erscheinen dort aber so kurz, dass nur extreme Schnell-Leser sie erfassen können. In diesem Fall kann man nicht unbedingt schließen, dass ein besonders aktives Gehirnareal auch fürs Gedächtnis zuständig ist; vielleicht benötigt man es eher fürs Lesen oder für das Nachdenken. Einigermaßen sicher ist dieser Schluss erst, wenn die Aufgabe wirklich nur Gedächtnis prüft. Das war Thema des vorigen Kapitels.

Heute wissen wir, dass bei expliziten Gedächtnisaufgaben zunächst der Hippocampus aktiv ist, der weiter innen im Gehirn auf der Höhe des Scheitellappens liegt, im mediotemporalen Kortex. Direkt danach übernimmt das Stirnhirn, genauer: der präfrontale Kortex. Der erledigt ansonsten übergeordnete geistige Aktivitäten, die man »exekutiv« nennt; exekutiv ist, dass wir planen, Gedanken zusammenführen und den Überblick bewahren. Bei impliziten Gedächtnisaufgaben arbeiten vor allem Strukturen im Striatum, die Basalganglien; die sind vor allem dafür zuständig, dass wir Bewegungen koordinieren können.

WISSEN

Bilder vom Gehirn

Die anatomischen Strukturen innerhalb des Schädels lassen sich inzwischen gut sichtbar machen. Die wichtigsten »bildgebenden Verfahren« sind heute die Computertomographie (CT) und die Magnetresonanztomographie (MRT). Technisch arbeitet CT mit Röntgenstrahlen, MRT mit der Reaktion der Zellen auf ein äußeres Magnetfeld. Beide Methoden liefern Schnittbilder aus dem Körperinneren, auch aus dem Gehirn. Jedes Bild zeigt, was man sehen würde, wenn man das Organ quer durchschneiden würde. CT wie MRT liefern mehrere Bilder von »Schnitten«; beim Gehirn haben sie meist einen Abstand von ungefähr einem Zentimeter.

»Funktionell« bildgebende Verfahren zeigen, an welchen Stellen das Gehirn eines Menschen am meisten Sauerstoff oder Glukose verbraucht, während dieser bestimmte Aufgaben erledigt: sich etwas merken, denken, nicht denken, zählen, rechnen usw. Es sind gewissermaßen Bilder von Funktionen. Die Stellen werden aus unübersichtlichen Messdaten statistisch berechnet und auf den Bildern des Gehirns farblich markiert. Die bunten Bilder sehen sehr plastisch und eindrucksvoll aus; messtechnisch sind sie trotzdem »Artefakte«, Kunstprodukte auf höchstem mathematisch-technischen Niveau. Sie vereinfachen das, was unser gesamtes Gehirn ständig leistet; doch sie zeigen uns die Orte im Gehirn, die wir bei der jeweiligen Tätigkeit benötigen. Neben MRT wird vor allem die Positronenemissionstomographie (PET) eingesetzt.

Welche Gehirnareale sind fürs Gedächtnis wichtig?

20%

Das Gehirn wiegt etwa anderthalb Kilogramm, aber es benötigt mehr als zwanzig Prozent unserer gesamten Energie.

Schaut man von außen auf das Gehirn, dann sieht es eigentlich aus wie eine Walnuss. Es hat zwei Teile, die beiden Gehirnhälften, die nur in der Mitte über den sogenannten »Balken« verbunden sind, auf Lateinisch: das Corpus callosum. Die Oberfläche, die man sehen kann, ist das äußere Großhirn, der Neokortex. Er ist keineswegs glatt, sondern intensiv gefurcht. Einige dieser Furchen sind besonders tief, und dadurch kann man in jeder Gehirnhälfte vier verschiedene Teile unterscheiden. Da sie in natürlichem Zustand feucht sind, nennt man sie »Lappen«. Das Kleinhirn ist vor allem für die Koordination von Bewegungen zuständig.

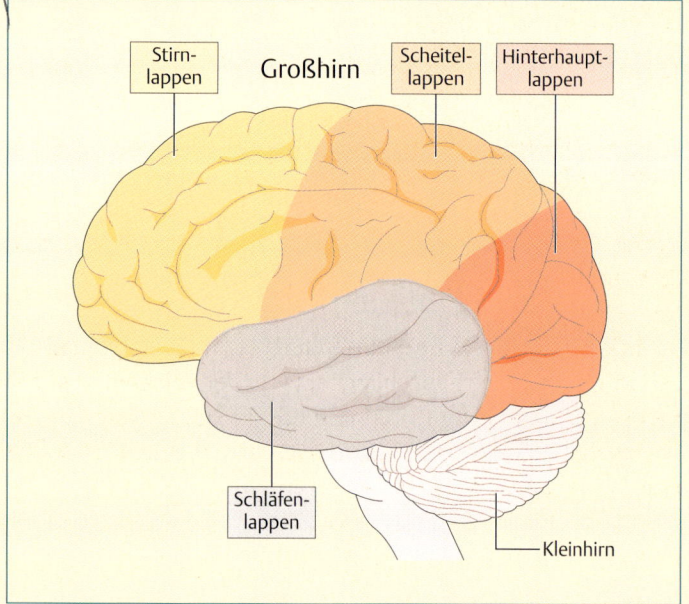

Stirn-lappen Großhirn Scheitel-lappen Hinterhaupt-lappen

Schläfen-lappen

Kleinhirn

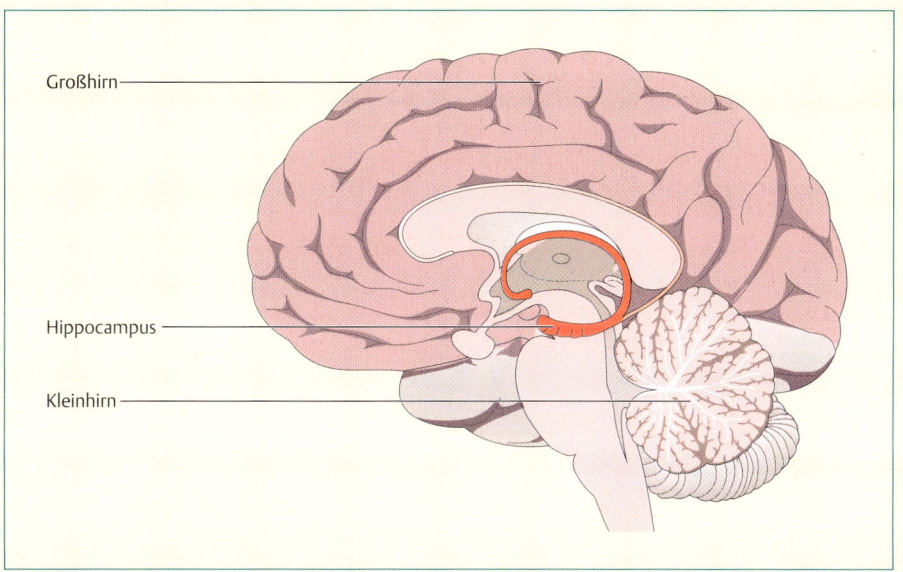

In der Zeichnung links sehen Sie diese vier Lappen der linken Hirnhälfte. Der Teil hinter der Stirn heißt Stirnlappen oder auch Stirnhirn, in der Fachsprache Frontalhirn. Der vordere Teil des Stirnhirns heißt präfrontaler Kortex und ist für ein funktionierendes Gedächtnis unerlässlich. Der obere Teil heißt Scheitellappen, in der Fachsprache Parietallappen. Der Teil an der Seite, etwa hinter dem Ohr nach oben, heißt Schläfenlappen, fachsprachlich Temporallappen. Und der kleine Teil am hinteren Ende heißt Hinterhaupt- oder Okzipitallappen.

Schneidet man das Gehirn mittendurch, dann erkennt man die Strukturen, die oben abgebildet sind. In der Zeichnung ist der Hippocampus besonders hervorgehoben, die Struktur, die für das explizite Gedächtnis unerlässlich ist, gewissermaßen die erste Station beim Vorgang Gedächtnis.

47

Ist ein größeres Gehirn leistungsfähiger?

Leidet jemand unter der schweren Gedächtnisstörung Korsakow-Syndrom, dann ist er dement, und biologisch ist sein Gehirn geschrumpft. Daraus schließen wir, dass die Schrumpfung die Demenz hervorruft. Heißt das umgekehrt, dass größere Gehirne auffällig gut arbeiten? Hat jemand mit besonders großem Hippocampus auch ein besseres Gedächtnis? Und außerdem: Was ist da eigentlich genau geschrumpft?

Wenig Gehirn und trotzdem nicht dement

Nicht das ganze Gehirn besteht aus Neuronen, dazwischen gibt es Stütz- oder Gliazellen. Sie machen einen großen Teil der Masse aus: Ein jetzt 40-jähriger Mann hatte als Kind einen Wasserkopf. Damit das »Wasser« – der Liquor – das Gehirn nicht zerdrückt, hatte man schon dem Kind einen Abfluss in den Kopf gelegt. Der Mann war nie besonders intelligent – IQ knapp über 80 –, verdient aber seinen Lebensunterhalt und versorgt sich selbst. Als ihn seine Ärzte jetzt in einen Computertomographen legten, glaubten sie ihren Augen nicht zu trauen: Er hat gerade mal ein Zehntel der üblichen Gehirnmasse, weit weniger als jeder Patient mit Korsakow-Syndrom. Dement ist er trotzdem nicht. Es kann also nicht an der Größe des Gehirns alleine liegen, wie viel eine Person allgemein geistig leisten kann.

Mit größerem Hippocampus merkt man sich mehr

Beim Gehirn ist die Masse nicht alles, doch beim Hippocampus scheint sie entscheidend.

Vielleicht verhält es sich anders mit der Einzelfähigkeit Gedächtnis. Funktioniert das explizite Gedächtnis bei Menschen besonders gut, deren Hippocampus besonders groß ist? Es gibt eine Gruppe, bei der das so zu sein scheint: bei Londoner Taxifahrern. Ihr Ortsgedächtnis ist überdurchschnittlich und der Hippocampus besonders groß. Beim Gedächtnis müssen Anatomie und Leistung also doch zusammenhängen.

Die Frage nach Henne und Ei ist trotzdem offen: Wurden die Leute Taxifahrer, weil ihr Hippocampus so groß und deshalb ihr Gedächtnis gut war – oder trainiert Taxifahren das Gedächtnis so, dass es sich in der Anatomie niederschlägt? Noch ist das nicht ganz geklärt, doch einiges spricht dafür, dass die zweite Erklärung stimmt.

Wann neue Nervenzellen entstehen

Das Stichwort heißt Plastizität des Gehirns. Jederzeit können sich neue Nervenzellen bilden oder neue Dendriten. Dendriten sind die kleinen Auswüchse am Zellkörper, die Sie auf Seite 50 sehen können. Über sie nimmt das Neuron Informationen auf, die andere Nervenzellen über ihre Synapsen versenden (auch dazu S. 50 und 51). Verfügt ein Neuron über viele Dendriten, dann empfängt es besonders viele Informationen. Deshalb hängt die Funktion des Gehirns insgesamt mehr von intakten Dendriten ab als von der Masse. Dass der Mann mit den zehn Prozent Hirnvolumen im Leben alleine zurechtkommt, könnte daran liegen, dass er genügend intakte Dendriten hat.

Dendriten und Neuronen entstehen nicht zufällig und auch nicht bloß, weil es die Gene so bestimmen. Sie bilden sich, wenn das Nervensystem gefordert wird: wenn sich das Individuum in seiner Umwelt bewegt und sich mit ihr auseinandersetzt. Ist die Umwelt vielseitig, dann verarbeitet es auch mehr Neues. Dabei verknüpfen sich die aktiven Zellen untereinander, und überflüssige Zellen und Verbindungen bauen sich ab. Beides liegt biologisch dem Lernen zugrunde. Beides ist Plastizität.

Lange dachte man, Plastizität gebe es nur bei Kindern, deren Kopf sichtbar wächst. Doch es gibt sie immer; Dendriten und Zellen bilden sich zeitlebens, Synapsen arbeiten leichter, wenn sie benutzt werden. Im jungen Erwachsenenalter zwischen 20 und 30 lässt die Plastizität allerdings allmählich leicht nach, der Prozess verlangsamt sich und das Gedächtnis wird schwächer. Doch zu dieser Zeit nimmt das noch niemand wahr. Die Plastizität ist trotzdem da.

Plastizität der Neuronen gibt es in jedem Lebensalter.

49

Wie Nervenzellen Informationen austauschen

Das Gehirn besteht aus Nervenzellen oder Neuronen und Glia- oder Stützzellen. Wie jede andere Körperzelle auch haben Neuronen einen Zellkörper, in dem sich der Zellkern mit den Chromosomen befindet, die die Erbinformation tragen. Nervenzellen nehmen Informationen auf und geben sie weiter. Für die Aufnahme benutzen sie mehrere kleine Auswüchse, die Dendriten heißen. Für die Weitergabe der Informationen ist das Axon zuständig, ein längerer Auswuchs, der in den »Synapsen« endet. Schnell leitende Axone sind von Markscheiden aus Myelin umgeben. Das sehen Sie in der Zeichnung unten.

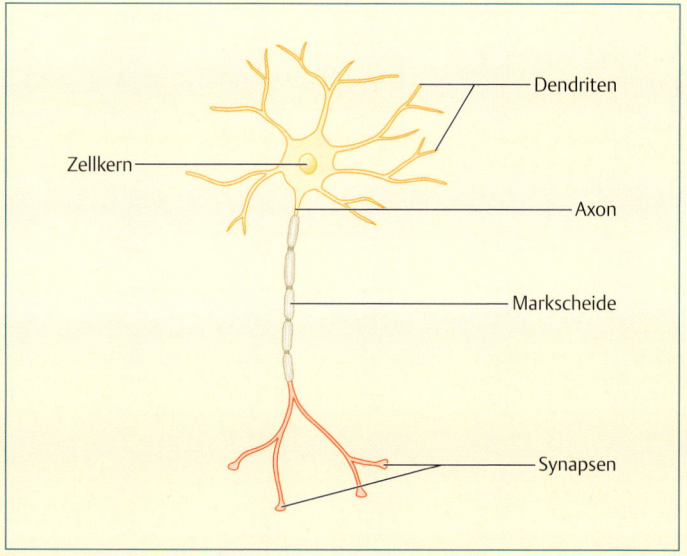

Diese Zeichnung zeigt, wie eine »vorgeschaltete« Nervenzelle mit einer »nachgeschalteten« in Kontakt tritt: Indem sie chemische Botenstoffe weitergibt, etwa Acetylcholin. Hier entspricht jede grüne Kugel einem Molekül Acetylcholin. Viele davon werden in einem Vesikel – Bläschen – gelagert. Ein elektrischer Impuls katapultiert dieses an die Synapse, wo die Membran des Vesikels mit der Zellmembran verschmilzt und Acetylcholin in den synaptischen Spalt freigesetzt wird.

Auf der Membran der nachgeschalteten Zelle sind Rezeptoren, die bevorzugt auf Acetylcholinmoleküle reagieren (orange). Dort docken diese an und lösen einen elektrischen Impuls in der nachgeschalteten Nervenzelle aus. Manche Moleküle gelangen aber nicht bis zu ihrem orangen Rezeptor. Sie werden im synaptischen Spalt von der Acetylcholinesterase aufgefangen und zerstört (rosa).

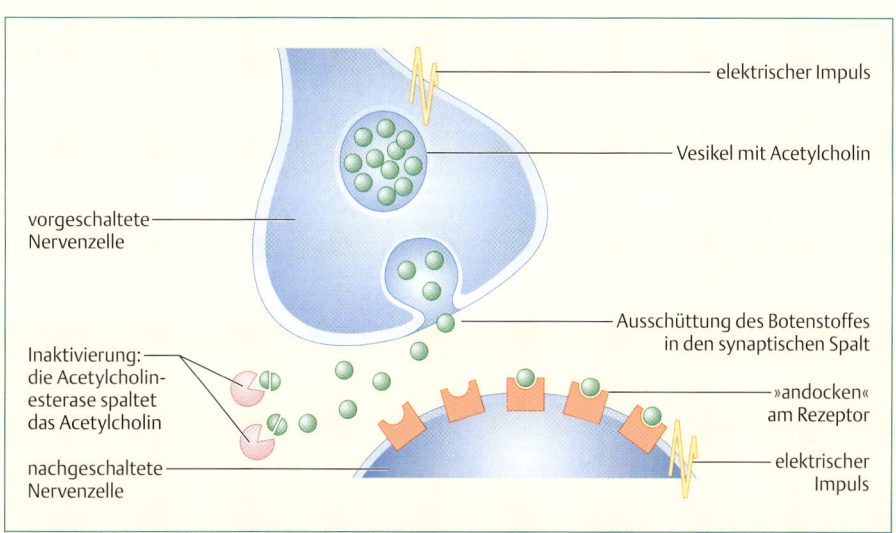

elektrischer Impuls

Vesikel mit Acetylcholin

vorgeschaltete Nervenzelle

Ausschüttung des Botenstoffes in den synaptischen Spalt

Inaktivierung: die Acetylcholinesterase spaltet das Acetylcholin

»andocken« am Rezeptor

nachgeschaltete Nervenzelle

elektrischer Impuls

Linke und rechte Gehirnhälfte

Sie gehören zu den Lieblingsthemen vieler Hobbypsychologen: die Gehirnhälften. »Links sitzt das rationale Denken, rechts die Emotion«, predigen sie, und erklären damit allerlei Schwierigkeiten dieser Welt.

Wir denken nie, ohne zu bewerten.

Prompt fragt nach jedem Gedächtnisvortrag jemand, ob der linke Hippocampus rationales Wissen und der rechte die Emotionen speichere. Die Antwort ist eindeutig nein, schon deshalb, weil Gefühle beim Gedächtnis immer mit beteiligt sind. Wir denken nie, ohne zu bewerten, und genau das drückt Emotion aus. Andererseits sind die Gedächtniszentren links und rechts durchaus spezialisiert, allerdings nicht auf Denken oder Fühlen. Sie sind darauf spezialisiert, welches Material sie verarbeiten.

Der linke Hippocampus ist bevorzugt dann aktiv, wenn wir inzidentell und sprachlich lernen, der rechte, wenn wir uns räumliches Material einprägen. Beide arbeiten gleichzeitig, wenn wir uns Bilder merken. Im zweiten Schritt übernimmt der linke präfrontale Kortex verbales Material, der rechte unbekannte Bilder, auch Gesichter. Prägen wir uns Objekte ein, die man auch benennen kann, sind beide gleich beschäftigt – wenn es sich etwa um Kreise, Dreiecke oder Rauten handelt.

Unter das »wir« aber fallen nicht alle Menschen. Das Gehirn eines Kleinkindes merkt sich die Dinge beidseitig. Die Links-rechts-Spezialisierung entwickelt sich erst im Lauf der Kindheit und Jugend. Ab dem jungen Erwachsenenalter nimmt sie dann langsam wieder ab.

Die drei Gedächtnisstufen kann man im Gehirn sehen

Im ersten Teil dieses Kapitels haben wir die zeitliche Reihenfolge beschrieben, die das Gedächtnis einhalten muss: aufnehmen/verschlüsseln, speichern/konsolidieren, abrufen/wiedergeben. Dass das neben psycho- auch bio-logisch ist, können wir inzwischen technisch »sehen«.

Nehmen Sie an, Sie hören eine Geschichte. Dann verarbeitet das Hörzentrum die Laute und das Sprachzentrum deren Bedeutung. Das Ergebnis übernimmt der linke Hippocampus, weil wir uns Geschichten inzidentell merken. Der leitet die Information an den präfrontalen Kortex weiter, ebenfalls den linken, weil es um Sprache geht.

Nachts, wenn Sie schlafen, sind genau die gleichen Neuronennetze zum zweiten Mal aktiv. Man interpretiert das so: das Gehirn holt die Information hervor. Rufen Sie tags darauf die Geschichte wieder ab, fallen Ihnen mehr Einzelheiten ein, als wenn Sie nicht geschlafen hätten: Die Informationen haben sich konsolidiert. Gleichzeitig »feuern« die Neuronennetze ein drittes Mal; so festigen sich die Informationen durch den Abruf weiter.

WISSEN

»Wieder«-erkennen, was eigentlich neu ist

Sind Sie schon einmal in ein Haus, einen Raum, einen Ort gekommen, wo Sie das Gefühl hatten: Da war ich schon? Gleichzeitig war völlig klar: Das kann nicht sein. Dieses relativ seltene Gedächtnisphänomen nennt man Déjà-vu, das bedeutet: schon einmal gesehen.

Es hat damit zu tun, wie das Gehirn neue visuelle Informationen behandelt. Wenn wir etwas wahrnehmen, überprüft eine Region im Schläfenlappen, ob das neu ist oder bereits bekannt. Dabei können sich Fehlzuschreibungen ereignen; das führt zu einem Bekanntheitsgefühl, das gehörig irritieren kann – Déjà-vu. Besonders häufig tritt ein Déjà-vu-Erlebnis bei Epilepsien auf, deren Herd in dieser Prüfregion liegt, im Schläfenlappen des Gehirns.

Botenstoffe transportieren Information

Der Gedächtnisprozess beginnt, wenn sich Nervenzellen in Hippocampus oder Basalganglien gegenseitig informieren, wie aktiv sie gerade selbst sind. Sobald genügend Zellen gleichzeitig und koordiniert aktiv sind, kann man das als elektrischen Strom im Gehirn messen, als EEG.

Die Nervenzelle empfängt Informationen über ihre Dendriten und sie verschickt sie über die Synapse. Für den Transport benützt sie meist körpereigene chemische Botenstoffe; die heißen Neurotransmitter.

Vor allem zwei Neurotransmitter tragen im Gehirn zum expliziten Gedächtnis bei: Glutamat und Acetylcholin. Das Gedächtnis funktioniert nur, wenn sie in der Synapse in genau der richtigen Dosierung vorhanden sind, nicht zu wenig, aber auch nicht zu viel. Beginnt eine Demenz, dann schafft das Gehirn es nicht mehr alleine, die richtige Menge dieser Neurotransmitter vorzuhalten; es kann eine Weile Wunder wirken, sie als Medikament einzunehmen.

Dopamin ist ein wichtiger Neurotransmitter für implizite Gedächtnisfunktionen. Gleichzeitig spielt es eine große Rolle bei der emotionalen, gedanklichen und körperlichen Beweglichkeit. So ist bei der Parkinson-Krankheit die körperliche Beweglichkeit durch einen Dopaminmangel in den Basalganglien eingeschränkt.

Üben stärkt die Verbindungen zwischen den beteiligten Nervenzellen.

Eine Synapse arbeitet schneller und besser, wenn sie häufig aktiv ist. Wenn Sie etwas üben und wiederholen, erleichtern Sie also Ihren zuständigen Synapsen die Arbeit. Dass der Stoff sich durch Wiederholung einprägt, lässt sich so bis zu den Synapsen hin verfolgen. Auch das ist eine Form von Plastizität des Gehirns.

Helfende und hinderliche Substanzen

Acetylcholin & Co. eignen sich nicht dazu, das Gedächtnis zu dopen. Normalerweise ist ja ausreichend viel davon vorhanden, und überschüssige Mengen nützen nichts. Aber könnten nicht vielleicht andere Substanzen die Arbeit der Neuronen anregen oder intensivieren?

Ginkgo und Nootropika

In der Traditionellen Chinesischen Medizin heißt es, die Blätter des Ginkgobaums stärkten das Gedächtnis. Das hat dazu geführt, dass ein Extrakt daraus mittlerweile in Deutschland zu den meistverkauften Arzneimitteln gehört. Statistisch scheint Ginkgo leichte Gedächtnisstörungen des Alters positiv zu beeinflussen. Ob es jedoch ein normales Gedächtnis zu einem besonders guten macht, wissen wir nicht genau.

Nootropika sind Medikamente, die allgemein die Gehirnleistung älterer Menschen verbessern sollen. Man wirbt damit, dass sie den Gehirnstoffwechsel verbesserten und damit die geistige Leistungsfähigkeit.

Koffein und Nikotin

Nikotin hat so viele negative Schlagzeilen gemacht, dass seine Zeit offenbar ausläuft. Nur beim Gedächtnis scheint es keinen Schaden anzurichten. Allerdings werden Nikotinsüchtige im Entzug zittrig und unkonzentriert, was das Gedächtnis stört. Mit der nächsten Zigarette wird das besser: Deshalb denken sie oft, das Nikotin verbessere ihr Gedächtnis. Es hebt aber vor allem die Blockade auf, die der Entzug verursacht hatte.

Die zweite Alltagsdroge ist Kaffee. Fast sieben Kilogramm nehmen die Deutschen pro Kopf und Jahr zu sich, das ist Platz drei der Weltrangliste. Das Molekül, das Kaffee zum Kick macht – und weniger stark auch Tee und Cola –, ist Koffein. Nachweis-

Kaffee und Tee unterstützen die Merkfähigkeit etwas.

lich hält es wach, und wir alle sind im wachen Zustand geistig fitter als im schläfrigen. Das kommt dem Gedächtnis mittelbar zugute, weil es die Aufnahme erleichtert. Ein allgemeines Gedächtnismolekül ist es trotzdem nicht; schließlich behindert es den Schlaf und damit, dass sich das Gelernte konsolidiert.

Bewusstseinsverändernde Drogen

Äthanol ist die bewusstseinsverändernde Substanz des Abendlandes. Alkohol enthemmt, macht redselig und lindert Ängste. »Rauschende« Feste waren deshalb in Europa schon immer von Räuschen begleitet, gelegentlich von »Filmrissen« oder gar Vergiftungen. Längst vor Filmriss und Vergiftung beeinträchtigt er aber Konzentration und Merkfähigkeit; besonders wahrscheinlich ist das, wenn Sie im Alltag häufig Alkohol konsumieren.

Die meisten anderen Drogen sind verboten, viele sind trotzdem leicht zu beschaffen. Entgegen mancher Annahme erweitert keine von ihnen das Bewusstsein, auch keine Partydroge. Aber sie verändern vielerlei. Das beginnt damit, dass die Wahrnehmung unrealistisch wird, und endet mit der Sucht. Schon lange vorher behindern alle das Gedächtnis.

Lebenslanges Lernen – biologisch betrachtet

Bei der Geburt läuft das Nervensystem noch nicht auf vollen Touren. Erst nach und nach sprießen die Dendriten, und die Neuronen bauen ihre Myelinumhüllung, um schneller arbeiten zu können. Neue Zellen bilden sich und, mindestens genauso wichtig, überflüssige verschwinden. Langsam spezialisieren sich die Gedächtnisareale auf »ihre« Materialien. Der präfrontale Kortex wächst und reift und mit ihm die Kontrollfunktionen.

Das geht so bis Mitte 20, dann kehrt es sich wieder um. Ab da sterben mehr Nervenzellen ab als neu gebildet werden, die Zahl der Dendriten pro Neuron nimmt etwas ab und das Volumen des Gehirns auch. Der Körper bildet etwas weniger Gedächtnisbotenstoffe und die elektrische Aktivität ändert sich: Das Gehirn ist insgesamt aktiver (keineswegs passiver), aber weniger fokussiert, als wäre es ein wenig aufgeregt. Nachts schläft es flacher; das ist weniger erholsam und stört das Gedächtnis.

Ist das der Niedergang, den Pessimisten gern im Alter sehen, das Aus fürs lebenslange Lernen? Nicht unbedingt. Biologisch geschieht Lernen mindestens auf zwei Wegen. Beim ersten tauschen Neuronen völlig neue Informationen aus; das geht bei jungen Menschen schneller. Beim zweiten Weg sucht das Neuron nach anderen, die bereits über ähnliche Informationen verfügen. Wird es fündig, dann verknüpft es sich mit diesen. Das geschieht naturgemäß leichter, je mehr Wissen bereits vorhanden ist. Deshalb fällt es Älteren relativ leicht, ihr bestehendes Wissen zu einem Thema lediglich zu erweitern. Das ist Kompensation.

Was beein-
trächtigt das
Gedächtnis?

Es ist wie bei der Gesundheit:
Wir interessieren uns dann mehr
für das Gedächtnis, wenn es
knirscht. Oft sind es Angehörige, die sich plötzlich nichts
mehr merken können. Hinter
einer Gedächtnisstörung steckt
fast immer eine Krankheit. Wie
die sich auswirkt und wie Sie
ihr aktiv begegnen, finden Sie
hier. Vor allem aber, wie Sie Ihr
Gedächtnis vor derlei Risiken
bewahren.

Wenn mit einem Schlag alles anders ist

Das Gehirn ist ein hochempfindliches Organ, und deshalb kann es durch viele Ereignisse geschädigt werden. Das hört sich schrecklich an und man will nicht unbedingt etwas damit zu tun haben. Doch da Sie Ihr Gedächtnis stärken und schützen wollen, sollten Sie auch die Risiken klein halten, denen es im ganz normalen Alltag ausgesetzt ist. Schließlich erleiden allein in Deutschland Jahr für Jahr fast eine halbe Million Menschen eine organische Verletzung des Gehirns. Ein Teil davon ließe sich vermeiden – und damit massive Gedächtnisprobleme bei Tausenden.

Beginnen wir mit Alexander Reiser, der wie alle Personen in diesem Buch in Wirklichkeit anders heißt. Er ist jetzt 35 Jahre alt. Vor einem Jahr hatte er einen Fahrradunfall. Er fuhr ohne Helm auf einem Fahrradweg. Da bog ein Auto rechts ab, erfasste

Reisers Fahrrad und schleuderte ihn zu Boden. Er selbst kann sich daran nicht erinnern, weil er bewusstlos wurde.

Im Krankenhaus versorgte man seine Verletzungen: eine große Platzwunde am Kopf sowie Prellungen und Schürfwunden an Armen und Beinen. Aus der Bewusstlosigkeit wachte er erst nach drei Tagen wieder auf. Da war seine Familie glücklich und überzeugt, jetzt habe Alexander das Schlimmste überstanden. Sie täuschte sich. Erst musste er wochenlang zur Reha. Außerdem blieben die Kopfschmerzen und bis heute wurde er nicht wieder ganz der Alte. Seit einigen Wochen erst arbeitet er wieder an seiner alten Stelle in einer Versicherung. Aber es klappt nicht so wie früher; er ist in sich gekehrt, ständig müde, kann sich schlecht konzentrieren und sich »nichts mehr« merken, wie er sagt.

Was passiert, wenn man auf den Kopf fällt

Was Herr Reiser bei seinem Unfall erlitten hat, war ein Schädelhirntrauma, eine Verletzung von Kopf und Gehirn. Die leichteste Variante ist eine Gehirnerschütterung, doch damit kam er nicht davon.

Eigentlich ist das Gehirn besonders geschützt: Es schwimmt in einer Flüssigkeit, die Liquor heißt. Der Liquor puffert die meisten Stöße auf den Kopf so ab, dass das Gehirn selbst unbehelligt bleibt. Bei Herrn Reisers Sturz reichte das Flüssigkeitspolster nicht aus; er schlug bei seinem Sturz so massiv auf den Boden, dass es trotz Flüssigkeit fest am Knochen anstieß – eine Gehirnprellung. Die zerstört viele Nervenzellen direkt und viele weitere indirekt. Sie bringt nämlich viele kleine Blutgefäße zum Platzen. Dann bekommen die Nervenzellen, die diese Gefäße versorgen sollten, keinen Sauerstoff mehr; deshalb gehen sie ebenfalls unter.

Das Gehirn schwimmt in einer Flüssigkeit, die Erschütterungen normalerweise abfedert.

Nun sterben, wie Sie wissen, ständig Nervenzellen ab, auch bei Menschen mit Supergedächtnis. Das schadet nicht, es gehört zur Plastizität des Nervensystems. Das baut sich um, indem es neue Verbindungen und neue Zellen schafft, und gleichzeitig andere entsorgt. Bei Verletzungen wie der von Herrn Reiser jedoch ist die Plastizität zumindest eine Zeit lang überfordert – es ist einfach zu viel zerstört.

Gedächtnisverluste sind vielgestaltig

Alexander Reiser erinnert sich nicht an den Unfallhergang. Das wird so bleiben. Man nennt das retrograde Amnesie; »Amnesie« heißt Gedächtnisverlust, eigentlich: »Gedächtnislosigkeit«. »Retrograd« bedeutet, dass sich der Gedächtnisverlust auf die Zeit vor dem Unfall bezieht. Je länger die Bewusstlosigkeit gedauert hat, umso mehr Zeit ist verschwunden – manchmal nur die Minuten vor dem Unfall, manchmal auch mehrere Tage. Bei vielen Patienten kommt im Lauf der Zeit einiges wieder zurück, aber die Ereignisse der letzten Minuten bleiben verschwunden. Die hat das Gehirn zwar sicherlich noch aufgenommen, aber es hatte nicht mehr die Zeit, sie zu speichern.

Die retrograde Amnesie erschwert es Polizei und Versicherungen, den Unfallhergang zu rekonstruieren. Alexander Reisers Alltag beeinflusst sie kaum. Das tut die andere Richtung: die anterograde Amnesie. Sie beeinträchtigt seine Fähigkeit, sich Neues für die Zukunft einzuprägen. Genau das nimmt er bei sich wahr.

Unfälle mit Kopfverletzung sind häufig

Es sind häufig junge Menschen, die Kopfverletzungen erleiden.

In jedem Jahr sind es immerhin 244 von 100 000 Menschen, die in Deutschland ein Schädelhirntrauma erleiden. Das sind fünf in einem 2000-Seelen-Dorf. Darunter sind sehr viele junge Leute. Jeder dritte dieser Unfälle ereignet sich im Straßenverkehr, davon trifft jeder dritte einen Fahrradfahrer, der in der Regel ohne Helm unterwegs war. Die übrigen Unfälle geschehen beim Sport, durch Gewaltdelikte oder bei Stürzen in Arbeit und Freizeit – die Leute sind gestolpert, im Gebirge abgestürzt, von der Leiter, vom Dach oder einfach aus dem Bett gefallen. Die meisten von ihnen stellen nach dem Unfall fest, dass ihr Gedächtnis schlechter funktioniert.

Was ist ein Schlaganfall?

Im Gegensatz zu Schädelhirntraumen sind es vorwiegend Menschen über 60, die Schlaganfälle erleiden. Beim ersten Schlaganfall sind Männer durchschnittlich 70 Jahre alt und Frauen 75 Jahre. Trotzdem ist mehr als jedes siebte Schlaganfallopfer noch keine 45 Jahre alt – das sind in Deutschland immerhin 33 000 im Jahr. Insgesamt erleiden bei uns jedes Jahr 220 000 Menschen einen Schlaganfall.

Sogar Schlaganfälle kommen schon in jungen Jahren vor.

Wie kommt es dazu?

Bei einem Schlaganfall bekommt ein Teil des Gehirns von einer Minute auf die nächste nicht mehr genügend Sauerstoff.

In einem von fünf Fällen liegt das daran, dass ein Blutgefäß einfach platzt und das Blut sich direkt ins Gehirn ergießt. In den anderen vier Fällen lässt eine kleine Arterie kein Blut mehr durch, weil ein Klümpchen geronnenes Blut sie verstopft. So ein Gerinnsel heißt Thrombus. Man muss sich das ungefähr so vorstellen: An der Wand des Blutgefäßes hat sich alles Mögliche angelagert, zum Beispiel Cholesterin. Das macht die Oberfläche rau und das Gefäß eng. Diese Stelle wirkt im Blut wie ein großer Ast in einem Bach: alles Mögliche, was der so mit sich führt, bleibt daran hängen. So bildet sich allmählich ein Gerinnsel aus Blutbestandteilen. Das kann sich von der Gefäßwand lösen und im Blut mitschwimmen. Irgendwann kommt es zu einem Abschnitt, für den es zu groß ist. Dann bleibt es stecken; das Blut kommt nicht mehr weiter, die Zellen dahinter werden nicht mehr versorgt.

Normalerweise ist ein Blutgefäß so elastisch, dass es weder platzt noch verstopft. Die Gefahr besteht erst, wenn es starrer und damit brüchiger geworden ist. Das ist im Alter häufiger. Man kann es allerdings beeinflussen.

Mit welchen Folgen muss man rechnen?

Ein Schlaganfall schädigt genau das Areal im Gehirn, das von dem zerstörten Blutgefäß versorgt wurde. Deshalb hat jeder Schlaganfall andere Folgen. Welche das sind, hängt davon ab, wo das Blutgefäß liegt und wie groß es ist.

Sehr oft führt ein Schlaganfall zu Lähmungen, Sie haben wahrscheinlich schon selbst Betroffene gesehen. Oft beeinträchtigt er aber auch spezielle geistige Leistungen. So kann ein Schlaganfall in der linken Gehirnhälfte ein Sprachzentrum treffen. Dann wird sich der Betroffene schlechter artikulieren können, vergeblich nach Wörtern suchen oder nicht mehr genau verstehen, was man ihm erzählt. Ein Schlaganfall ganz hinten oberhalb des Nackens kann dazu führen, dass man schlechter Konturen sieht oder nur noch das, was im rechten Blickfeld liegt. Ist er in der Nähe des Hippocampus oder im Frontalhirn, dann können sich die Betroffenen zum Beispiel Geschichten schlechter merken oder auch, was sich in ihrem eigenen Leben neu ereignet.

Lange haben Wissenschaftler vor allem von Patienten gelernt, die nach einem Schlaganfall unter speziellen Defiziten litten. Solange es keine bildgebenden Verfahren gab, konnte man vor allem über sie herausfinden, welche Netzwerke im Gehirn für welche geistige Leistung zuständig sein müssen.

Eine Kopfverletzung beeinträchtigt das Gedächtnis

Jedes Organ funktioniert schlechter, wenn es akut verletzt wird. Die mit Abstand häufigsten Verletzungen des Gehirns sind Schädelhirntrauma und Schlaganfall. Die erste wird mechanisch und von außen verursacht, die zweite durch Nährstoffmangel von innen.

Das Gehirn reagiert ganz besonders empfindlich. Wird es als Ganzes umfangreich geschädigt, endet das meist tödlich, bekommen einzelne Nervenzellen fünf Minuten keinen Sauerstoff, sterben sie ab. Da das Gehirn den gesamten Organismus steuert, kann eine Verletzung die Person körperlich oder geistig beeinträchtigen, manchmal beides und häufig dauerhaft.

Das Gedächtnis ist fast immer mitbetroffen. Schließlich benötigt es mehrere Orte oder Netzwerke im Gehirn, um zu arbeiten. Beim expliziten Gedächtnis sind es vor allem Hippocampus und präfrontaler Kortex. Jeder kleine Schaden dort mindert die

WISSEN

Weitere Schädigungen des Gehirns

- **Kurzfristiger vollständiger Sauerstoffmangel:** Die häufigsten Gründe dafür sind Herzstillstand oder Ertrinken. Mehr als fünf Minuten überlebt man nicht, kürzere Zeiträume können schwere Schäden anrichten.
- **Tumoren:** Jeder Tumor – auch wenn es kein Krebs ist – quetscht die benachbarten Nervenzellen und zerstört sie langfristig. Wenn möglich, wird ein Tumor deshalb operiert; dafür muss er aber »erreichbar« sein, darf also nicht zu tief im Gehirn sitzen.
- **Entzündliche Prozesse:** Eine Entzündung der Hirnhäute (Meningitis) oder des ganzen Gehirns (Enzephalitis) wird von Bakterien oder Viren hervorgerufen. Bei uns besonders verbreitet sind Krankheiten, die von Zecken übertragen werden (Frühsommer-Meningoenzephalitis [FSME] und Borreliose). Gegen FSME kann man sich impfen lassen. Auch wenn die Entzündung ohne körperliche Folgen ausheilt, können Gedächtnisstörungen bleiben.

Gedächtnisleistung. Nach einem Schlaganfall ist das oft sehr spezifisch, nach einem Schädelhirntrauma allgemeiner.

Gedächtnisstörungen empfinden wir subjektiv besonders stark.

Das ist auch bei Herrn Reiser so. Objektiv ist er vor allem dann beeinträchtigt, wenn er sich konzentrieren oder etwas planen will, sein Gedächtnis ist nur leicht unterdurchschnittlich. Subjektiv leidet er trotzdem in erster Linie am Gedächtnis. Das ist häufig; es könnte daran liegen, dass ein schlechtes Gedächtnis besonders auffällt und deshalb besonders peinlich ist. Es könnte auch sein, dass Herr Reiser neue Inhalte einfach schlechter aufnimmt, weil seine Gedanken ständig umherschweifen. Dann speichert er natürlich auch nichts und kann deshalb auch nichts abrufen.

Was lässt sich mit Gedächtnistraining reparieren?

Man kann Gedächtnisleistungen verbessern, indem man Strategien nutzt, etwa Assoziationen trainiert oder das Material gut vorbereitet. Könnte das auch jemandem wie Herrn Reiser helfen, dessen Gedächtnis aus organischen Gründen schlechter arbeitet?

Herr Reiser hat in der Reha auch an einem kognitiven Training zu Konzentration und Gedächtnis teilgenommen. Dort übte er vielerlei: Waren im Supermarkt aufzählen, Wörter finden, die mit B oder X beginnen, alle »n«s in Texten anstreichen oder die wesentliche Botschaft aus einem Text herausfiltern.

Außerdem hat er einigermaßen erfolgreich die Mnemotechnik gelernt, die »Methode der Orte« heißt oder »Loci-Technik«. Wenn er sich jetzt eine Liste mit Gegenständen merken muss – etwa eine Einkaufsliste –, stellt er sich feste Orte in seiner Wohnung vor. Dann »deponiert« er zum Beispiel im Geiste die Eierschachtel auf dem Küchenstuhl, die Butter auf der Kommode oder die Kartoffeln auf dem Küchentisch. Dann steuert er diese

Orte im Geist der Reihe nach an; ist er »angekommen«, liegt der Gegenstand dort. Genauer beschreiben wir die Technik auf Seite 114. Der Nachteil: Die Technik funktioniert am besten mit Gegenständen, die man sich als Bild vorstellen kann.

Herr Reiser mochte das Training und es regte die Dendriten zum Sprießen an. Trotzdem kann er mit dem Gelernten nicht alles ersetzen, was er verloren hat. Empirisch nützen kognitive Trainings nur, wenn die Schäden nicht zu groß waren; Wunder wirken sie nie.

Externe Gedächtnishilfen nutzen

Reine Gedächtnistrainings verbessern Gedächtnisstörungen nach Hirnverletzungen nur punktuell. Was sie praktisch nicht verbessern, ist das prospektive Gedächtnis: Termine einhalten oder bestimmte Dinge rechtzeitig erledigen.

Doch genau das ist nach Hirnverletzungen besonders oft beeinträchtigt. Dafür gibt externe Gedächtnishilfen, die wir schon für den normalen Alltag empfohlen haben. Es erleichtert den Betroffenen das Leben, wenn jeder Gegenstand einen festen Platz hat und Alltagsroutinen sehr streng ablaufen. Eine Hauptrolle sollten heute elektronische Hilfen spielen, zum Beispiel normale Orga-Computer, die mit einem Mobiltelefon verbunden werden können. Man muss sie dann gemäß den Bedürfnissen des Betroffenen speziell programmieren.

Auch andere externe Hilfen sollte man individuell entwickeln. Herr Reiser, der nur leicht beeinträchtigt ist, benötigt vor allem Erleichterungen für seine Arbeit. Was ihn besonders stört, sind die Umgebungsgeräusche. Die beeinträchtigen seine Konzentration – und damit sein Gedächtnis – mehr als das anderer Leute. Deshalb wäre es eine externe Hilfe, wenn er nicht im Großraumbüro arbeiten und auch nicht ständig telefonieren müsste.

Die ganze Arbeitsumgebung kann als externe Hilfe wirken – oder als das Gegenteil.

Schützen Sie Ihren Kopf!

Die Zahlen sprechen für sich – jedes Jahr erleiden 200 000 Menschen in Deutschland ein Schädelhirntrauma. Jedes einzelne, das man verhindert, erspart einem Menschen eine Gedächtnisstörung.

Was Unfälle verhindert

Im motorisierten Straßenverkehr:

- 100 km/h-Beschränkung auf Landstraßen einhalten,
- Lenkzeiten der Berufskraftfahrer einhalten,
- nicht übermüdet fahren,
- Alkoholgrenzen einhalten,
- 120 km/h-Beschränkung auf Autobahnen einführen und kontrollieren,
- möglichst wenig nachts fahren, man ist nämlich unweigerlich müde.

sonst:

- bei Müdigkeit auf Tätigkeiten mit Unfallgefahr verzichten,
- Arbeitsschutz einhalten.

Was ein Schädelhirntrauma verhindert oder leichter macht

- im Auto: Sicherheitsgurt und Airbag,
- Kinder nur vorschriftsmäßig befördern; schließlich waren drei Viertel der im Straßenverkehr getöteten Kinder im Auto unterwegs, nicht zu Fuß.
- im Gebirge: angepasst gehen – gute Ausrüstung, gesicherte Wege oder angeseilt,
- die wichtigste Vorbeugung ist fast überall der Helm, vor allem:
  - beim Radfahren,
  - beim Wintersport,
  - bei allen Sportarten, wo man stürzen kann (z. B. Reiten),
  - beim Arbeitsschutz.

Wie Sie einem Schlaganfall vorbeugen können

Ein Schlaganfall ist, wie die deutsche Schlaganfallhilfe betont, keine Sache von Minuten, sondern von Jahren. Diese Jahre kann man nutzen, um einem Schlaganfall und damit der Gedächtnisstörung vorzubeugen. Solange ein Blutgefäß geschmeidig ist, platzt es nicht und innen kann sich auch nichts anlagern; deshalb verstopft es auch nicht.

Wessen Blutgefäße sind gefährdet?

Es gibt nicht eine einzelne Gefahr für den Schlaganfall. Aber bestimmte Lebensumstände und körperliche Verfassungen ziehen ihn an wie ein Magnet. Das sind Risikofaktoren. Wir haben die wichtigsten unten aufgeführt.

- Wer unter einer der folgenden Krankheiten leidet, ist akut schlaganfallgefährdet:
  - Bluthochdruck,
  - Fettstoffwechselstörungen,
  - Diabetes,
  - Vorhofflimmern.
- Allgemein riskieren diejenigen häufiger einen Schlaganfall, die
  - rauchen,
  - zu viel Alkohol trinken,
  - sich falsch ernähren (zu fett, zu viel, zu viel Fleisch, zu wenig Obst und Gemüse),
  - sich wenig bewegen.

Bedenken Sie, dass Risiko zwar einerseits Gefahr bedeutet. Es bedeutet aber auch: Wenn wir es kennen, können wir es oft auch mindern.

Wie Sie gegensteuern

Die Erkrankungen können Sie zumindest mit beeinflussen, indem Sie sich an die Empfehlungen Ihres Arztes halten. Alles Übrige haben Sie selbst im Griff, zumindest, solange Sie nicht süchtig sind. Nicht rauchen, keine Drogen, Mäßigkeit beim Alkohol, gesunde Ernährung und regelmäßige Bewegung: Das mag banal klingen, schließlich beschreibt es ganz allgemein, wie man gesund lebt. Es wirkt trotzdem: Weil es die Blutgefäße länger geschmeidig hält, schützt es vor Schlaganfall und seinen gedächtnistechnischen Folgen. Das ist nicht hundertprozentig, wie alles in der Biologie; aber es ist wahrscheinlich. Mit diesen Maßnahmen beugen Sie zugleich einem Herzinfarkt vor.

Wie Gefühle unser Gedächtnis beeinflussen

Als sich der Berg geöffnet hatte und Casim das Innere betrat, dürften ihn die Gefühle überschwemmt haben. Erst kam die Freude über all die Schätze, dann die Gier nach ihnen und schließlich die Angst, erwischt zu werden. Heute würden wir sagen: Das war Stress. Selbst wenn Casim sich keinen Mut angetrunken haben sollte – den sicheren Abruf seines Zauberworts aus dem Gedächtnis könnte schon der Stress allein blockiert haben.

Das Gedächtnis reagiert auf Stress

Stress heißt zunächst einfach Spannung. Eigentlich ist psychische Anspannung gemeint, doch die ist immer von angespannten Muskeln begleitet. Für das Gedächtnis hat Anspannung verschiedenartige Folgen. Versinken wir zum Beispiel vollständig begeistert und hochkonzentriert in einer Tätigkeit, dann ist das eine angenehme Spannung, in der das Gedächtnis hervorragend arbeitet. Fehlt die Spannung völlig, können wir nicht gut denken und uns deshalb kaum etwas absichtlich einprägen.

Unter Stress funktioniert keine Stufe des Gedächtnisvorgangs gut.

Mit dem Satz »das stresst mich« meinen wir allerdings das emotionale Gegenteil, nämlich unangenehme Spannung und Belastung. Entwicklungsgeschichtlich hat Hochspannung den Zweck, dass der Organismus extrem schnell reagieren kann, wenn er in Gefahr ist. Dafür schüttet er große Mengen Stresshormone aus, vor allem Kortisol und Adrenalin. Die Muskeln spannen sich so, dass sie Sekunden später losschnellen können. Das Denken engt sich auf eine einzige Frage ein: Muss ich fliehen oder kann ich den Stressor ausschalten? Für diese Entscheidung aktiviert der Hippocampus Erinnerungen an Situationen, die ähnlich waren, und das Frontalhirn gleicht sie mit dem jetzigen Problem ab.

Das Denken engt sich ein

Eigentlich handelt es sich bei der Stressreaktion um eine Art Rettungsprogramm in der Not. In einer solchen Situation brauchen Sie sich keine neuen Geschichten einzuprägen. Deshalb stört es auch nicht, dass die für das Explizite zuständigen Gehirnareale Hippocampus und Frontalhirn nicht zur Verfügung stehen. Die sind nämlich unter Stress mit einer einzigen Aufgabe beschäftigt: wie Sie den Stressor wieder loswerden. Deshalb ist unter Stress jede kognitive Leistung beeinträchtigt. Kortisol vermindert die Gedächtnisleistung ohnehin.

All das ist völlig unerheblich, wenn die Not lebensbedrohlich ist. Doch das Gedächtnis reagiert auch, wenn der Stressor weniger gefährlich ist. Stellen Sie sich eine typische zeitgenössische Stress-Situation vor: Sie müssen aus dem Stand eine kleine Rede halten. Nach einer solchen Rede sollten Sie an keinem normierten Gedächtnistest teilnehmen: Sie werden nämlich schlechter abschneiden als in Ruhe. Sie brauchen erst eine Weile, um sich von dem Redestress zu erholen.

Das nicht bewusste, implizite Gedächtnis funktioniert

Das implizite Gedächtnis dagegen – das für Bewegungen, Gefühle oder Fertigkeiten zuständig ist – benötigt keinen Hippocampus. Es wird auch nicht durch Kortisol gestört. Deshalb lernen wir auch schwimmen, wenn uns der Lehrer stresst. Wir speichern auch im größten Stress, dass die heiße Herdplatte kein Ort ist, wo man sich gefahrlos die Hände wärmt.

Nun lernen wir Verhaltensweisen meist auf implizite Weise – also ohne sie benennen zu können. Trotzdem können explizite Strategien gelegentlich den Lernerfolg steigern; etwa, wenn wir einen gefahrlosen Weg suchen. Solche Strategien funktionieren unter Stress nur schwer, nicht zuletzt deshalb, weil wir Informationen nicht mehr kritisch nutzen können. Der Ausweg: Wir beschränken uns auf das Implizite, auf Versuch und Irrtum. Damit lernen wir nicht nur langsamer, wir behalten auch unweigerlich den Stress der ganzen Situation; so klebt das negative Gefühl am ganzen Lerninhalt. Das ist nicht nur die Situation bei einem unangenehmen Schwimmlehrer; es ist auch so, wenn Kinder vor der Schule Angst haben.

Das implizite Gedächtnis speichert den Stress mit.

WISSEN

Was wir uns aus einer Hypnose merken

Unter Hypnose arbeitet das Gedächtnis anders als sonst, und das hat nicht zuletzt mit Gefühlen zu tun. Die hypnotisierte Person ist vollständig entspannt und richtet ihre eigene Aufmerksamkeit fast nur nach innen. Von der Außenwelt nimmt sie ausschließlich den Hypnotiseur wahr, das aber intensiv. Sie kann allerdings im Anschluss nicht aktiv abrufen, was er während dieser Zeit sagte und was sie antwortete. Gespeichert ist es trotzdem. Das sieht man daran, dass sie genau das tut, was ihr der Hypnotiseur während der Hypnose aufgetragen hat: Sie geht an Ort A, kauft Ware B ein oder unternimmt Handlung C. Wenn man sie fragt, warum sie das macht, bringt sie eine Begründung, die mit der Hypnose nichts zu tun hat. Man nutzt Hypnose gelegentlich in der Psychotherapie, etwa, wenn sich jemand das Rauchen abgewöhnen will.

Wie Sie Stress in Schach halten

Stress beeinträchtigt die explizite Merkfähigkeit, aber Sie können gegensteuern. Den heutigen Stressoren müssen Sie nicht das gesamte Notprogramm entgegensetzen. Schließlich gefährden sie selten das Leben, meist sind sie psychisch. Fahren Sie also Ihre automatische Reaktion herunter und beherrschen Sie den Stress, statt sich von ihm beherrschen zu lassen. Die Methoden dafür muss man meist ein wenig üben:

- auf Multitasking verzichten,
- die Arbeit effektiv organisieren,
- intelligente Pausen machen,
- Entspannungsübungen,
- gut schlafen und
- ein Gefühl für den Sinn des eigenen Lebens pflegen.

Depressive Menschen merken sich weniger

Brigitte Niedermayer – auch das ein geänderter Name – ist 58 Jahre alt. Ihre Mutter ist vor einem halben Jahr an der Alzheimer-Krankheit verstorben. Seit etwa sechs Wochen hat sie das Gefühl, dass ihr Gedächtnis nachlässt. »Genauso fing es an bei meiner Mutter«, erinnert sie sich. Sie beschäftigt sich fast ständig mit der Krankheit. Jetzt ging sie ihrem Mann zuliebe in die Gedächtnissprechstunde des Klinikums Rechts der Isar in München.

Gedächtnissprechstunden gibt es inzwischen viele (siehe Service S. 140); Ärzte und Psychologen dort wissen über das Gedächtnis Bescheid und darüber, wodurch es Schaden nimmt. Sie bieten Tests und Diagnosen, Behandlung und Beratung. Im Gedächtnistest ist Frau Niedermayer tatsächlich etwas schlechter als andere in ihrem Alter. Nach dem Test fragt sie der Arzt, wie sie ihr Gedächtnis selbst sieht, aber auch nach ihrem Leben überhaupt. Sie erzählt von ihrer Mutter und von ihrer Angst, selbst an Alzheimer zu erkranken. «Eigentlich mache ich mir ständig Sorgen um Gedächtnis und Gesundheit. Mein Garten interessiert mich nicht mehr, nicht einmal das Essen macht mir noch Freude. Meine Freundinnen wollen nichts von meinen Sorgen wissen, deshalb spreche ich nur noch wenig mit ihnen. Außerdem bin ich so müde, weil ich meist schon gegen vier Uhr aufwache.«

Depressive Menschen leiden ganz verschieden

Frau Niedermayers Gedächtnis ist leicht beeinträchtigt, aber Alzheimer ist das nicht. Sie hat eine Depression. Zu den häufigen Symptomen dieser Erkrankung des emotionalen Systems gehören Gedächtnisstörungen, und gelegentlich sind es sogar die auffälligsten.

Längst nicht alle Depressiven sind tieftraurig oder auch nur in erster Linie schlecht gestimmt. Sie können unter vielerlei Symptomen leiden, und zwar in ganz verschiedener Zusammensetzung. Sie

- haben Gedächtnisstörungen,
- denken langsamer als sonst,
- fühlen sich schuldig oder schlecht,
- können sich schlecht entscheiden,
- haben ihre üblichen Interessen verloren,
- empfinden keine Freude mehr,
- leiden unter Durchschlafstörungen oder wachen morgens extrem früh auf.

Wie viele Menschen depressiv sind

Die Depression ist eine der häufigsten Erkrankungen der modernen Welt, wenn auch nicht überall gleich häufig; trotzdem wird sie oft nicht erkannt – überall. Hier finden Sie die geschätzten Häufigkeiten in Deutschland.

Depression in Zahlen

	absolute Zahlen in Deutschland	Anteil
Menschen, die aktuell unter einer Depression leiden	rund 4 Millionen	mindestes 5 % der Bevölkerung
Menschen, die im Laufe ihres Lebens mindestens einmal depressiv werden	8–12 Millionen	10–15 % der Bevölkerung
▌ davon Frauen		▌ zwei Drittel der Depressiven
Depressive unter den Über-65-Jährigen	knapp 4 von fast 16 Millionen	ca. ein Viertel der Älteren
Depressionsrate in Altenheimen		bis zu 40 %

Manchmal wird Depression mit Demenz verwechselt

Depressive Menschen sind allgemein etwas verlangsamt. Möglicherweise ist das eine Ursache dafür, dass sie sich weniger merken können als Gesunde. Beim Vorgang Gedächtnis scheinen sie sich vor allem mit der Aufnahme schwer zu tun, weniger mit dem Abruf. Zudem arbeiten bei ihnen die Frontallappen schlechter, die für eine gute Merkfähigkeit unerlässlich sind.

All dem kann man zwar noch nicht entnehmen, was gezielt gegen die depressiven Gedächtnisstörungen helfen könnte. Doch das ist auch nicht notwendig; die Depression als solche lässt sich nämlich sehr wohl behandeln. Genau deshalb ist es wichtig, sie auch zu erkennen. Da ältere depressive Patienten oft sehr über ihre Gedächtnisprobleme klagen, verwechseln leider sogar Ärzte ihre Krankheit gelegentlich mit einer Frühdemenz. Frau Niedermayer selbst hat es auf jeden Fall getan. Wer wie sie 58 Jahre alt ist, plötzlich Gedächtnisstörungen hat und auch noch einen Patienten mit Alzheimer-Erkrankung kennt, tut das meistens. Schließlich konnte sie ihre anderen Beschwerden – Rückzug, Schlafstörungen, Interesse- und Freudlosigkeit – psychologisch erklären. Frau Niedermayer hat momentan keine Demenz; trotz der Diagnose Depression ist das für sie eine gute Nachricht.

Depression und Gedächtnis heilen gemeinsam

Die meisten Depressiven hören von allen möglichen Seiten die wohlfeile Aufforderung: »Jetzt reiß dich halt zusammen«. Geholfen hat sie noch keinem. Wie also kommt man aus der Depression heraus? Und – zieht das auch das Gedächtnis mit?

Antidepressiva

Es gibt viele Medikamente, die Depressionen lindern können, aber nicht bei allen Menschen gleich. Süchtig macht kein Antidepressivum, aber es gibt verschiedene Nebenwirkungen. Manche Antidepressiva regen an, andere machen müde, einige machen einen trockenen Mund, andere stören die Sexualität. Einige beeinträchtigen die Funktionen diverser Neurotransmitter, zum Beispiel von Acetylcholin. Das verschlechtert das Gedächtnis. Wenn das Gedächtnis deutlich betroffen ist, sind diese Mittel deshalb nicht geeignet, genauso wie Antidepressiva, die müde machen.

Depressionen kann man heute gut behandeln.

Psychotherapie

Sehr häufig ist bei Depressionen eine Psychotherapie sinnvoll, manchmal zusätzlich zu Medikamenten, manchmal auch alleine. Am besten bewährt haben sich verhaltenstherapeutische Methoden, in denen die Patienten trainieren, die Dinge weniger negativ zu bewerten und ihre Emotionen anders zu erleben und zu steuern.

Die Depression klingt insgesamt ab, wenn die einzelnen konkreten Symptome der Depression zurückgegangen sind. Auf längere Sicht verbessert sich dann auch das Gedächtnis wieder. Eine erfolgreiche Behandlung hat aber gedächtnistechnisch noch eine vorbeugende Wirkung. Sie verringert nämlich das Risiko, später an Alzheimer zu erkranken; das ist bei langjährig Depressiven doppelt so hoch wie sonst.

Ein seelisches Trauma verändert auch das Gedächtnis

Wir haben schon einiges über organische Traumata berichtet, die Kopf und Gehirn direkt betreffen. Psychisch kann ein Mensch aber auch durch jedes andere Ereignis traumatisiert werden, das ihn existenziell bedroht: durch ein Verbrechen, einen Unfall, eine Naturkatastrophe, Krieg und Vertreibung, eine lebensbedrohliche Diagnose. Fast alle Menschen erleben irgendwann ein seelisches Trauma, manche erleben viele.

Wann entsteht eine posttraumatische Belastungsstörung?

Ein psychisches Trauma ist zunächst »nur« ein extremes Stressereignis. Viele Menschen verarbeiten das erfolgreich. Doch manche Menschen können die Erinnerung daran kaum mehr loswerden; sie können es nicht verarbeiten und entwickeln eine posttraumatische Belastungsstörung, PTBS, auf Englisch Posttraumatic Stress Disorder, PTSD.

Wie gut man nach einem Trauma zurechtkommt, hängt vom Ereignis selbst und von der Persönlichkeit ab.

Ob der oder die Betroffene auf ein bedrohliches Ereignis mit einer posttraumatischen Belastungsstörung reagiert oder nicht, hat auch mit dem Ereignis selbst zu tun. Eine posttraumatische Belastungsstörung ist häufiger,

- ▮ wenn es einen konkreten Täter gibt – nach einem Verkehrsunfall ist sie häufiger als nach einem Hochwasser;

- wenn sich das Opfer persönlich betroffen fühlen muss – nach einem Verbrechen ist sie häufiger als nach einem Unfall;
- wenn das Opfer seine gewohnten Bewältigungsmechanismen nicht einsetzen kann – nach einer Vergewaltigung ist sie häufiger, wenn das Opfer aus Scham schweigen »muss«, als wenn es sich wie gewohnt mit wichtigen Bezugspersonen austauschen kann.

WISSEN

Risiko posttraumatische Belastungsstörung

Anhand der Behandlungszahlen schätzt man, dass nach verschiedenen Traumata unterschiedlich viele Menschen eine posttraumatische Belastungsstörung entwickeln:
- jeder zehnte Beteiligte an Naturkatastrophen (etwa 10 %),
- jeder siebte schwer organisch Erkrankte (Herzinfarkt, Krebs etc. – etwa 15 %),
- jeder siebte Soldat im Kriegseinsatz (etwa 15 %),
- jedes siebte Opfer eines Verkehrsunfalls (etwa 15 %),
- jedes vierte Opfer von Gewaltverbrechen außer Vergewaltigung (etwa 25 %),
- jedes zweite Opfer einer Vergewaltigung (etwa 50 %),
- jedes zweite Opfer von Krieg und Vertreibung (etwa 50 %).

Erinnerungen an das Ereignis machen sich selbstständig

Wer unter einer posttraumatischen Belastungsstörung leidet, hat fast ständig Angst, zieht sich zurück und ist meist nicht arbeitsfähig. Eine Besonderheit im Vergleich zu Depression und Angst hat mit dem Gedächtnis zu tun. Das explizite Gedächtnis für das traumatische Ereignis ist eingeengt auf das Geschehen selbst, die breitere Gesamtsituation ist meist gelöscht. Dafür erinnern sich Betroffene haarklein an Details, etwa an ihr eigenes Entsetzen, an Gerüche und Geräusche. Das ist teilweise implizites Gedächtnis, und die Erinnerungen werden beim kleinsten Hinweisreiz lebendig, ungefragt und unversehens. Dann ist es, als würde sich das Ereignis gerade eben neu abspielen. Es fehlt das, was so typisch ist, wenn wir uns sonst ein Lebensereignis ins Gedächtnis rufen: das Bewusstsein dafür, dass es vorbei ist. Bei einer posttraumatischen Belastungsstörung sind diese Erinnerungen nicht zu steuern; man nennt sie intrusiv.

Mit Flashbacks schlägt das Gedächtnis Kapriolen

Man könnte Flashbacks als Erinnerungen an – in der Regel unangenehme – Drogenerfahrungen bezeichnen, ein Blitzlicht (Flash) in die Vergangenheit. Sie ereignen sich ähnlich unvermittelt wie die intrusiven Erinnerungen bei einer posttraumatischen Belastungsstörung, und zwar bei Menschen, die früher Halluzinogene eingenommen haben, vor allem LSD. Ein Flashback kann sich noch Jahre nach dem letzten Trip ereignen. Genau wie nach einem Trauma hat man bei einem Flashback nicht das Gefühl, sich daran zu erinnern, wie sich ein Trip anfühlt. Man erlebt einen neuen unangenehmen Trip, und das völlig ohne Drogen. Passieren kann es allen, die früher diese Drogen eingenommen haben.

Das Gedächtnis ist aus dem Tritt

Gleichzeitig haben viele Menschen mit einer posttraumatischen Belastungsstörung auch kognitive und Merkfähigkeitsprobleme. Sie können zum Beispiel nur schwer beurteilen, wie wichtig eine Information ist. Ist sie wirklich nötig, um ein bestimmtes Problem zu lösen? Lohnt es sich, sie zu behalten? Das bewerten sie nicht, und deshalb sondern sie die Information auch nicht einfach aus. Ihr Gedächtnis für Wörter ist zwar schlechter als das von anderen Leuten. Das hat ein wenig mit dem Speichern zu tun, vor allem aber damit, dass sie Informationen nicht als überflüssig erkennen und damit löschen können.

Die Angst überschattet alles

Ganz ähnlich ist es, wenn ihre Angst ganz plötzlich aufbricht: Dann stellen sie nämlich nicht wie andere Leute automatisch fest, dass es in diesem Moment keinen Grund zur Angst gibt. Genau deshalb können sie die aufsteigende Angst nicht hemmen. Das besorgt normalerweise das Frontalhirn, nachdem es festgestellt hat: »keine Gefahr«. Ihres tut das nicht, es arbeitet reduziert. Folgerichtig sind sie insgesamt geistig weniger flexibel als andere Leute und ihr Arbeitsgedächtnis hat wenig Kapazitäten übrig.

Man hat Patienten, die unter einer posttraumatischen Belastungsstörung leiden, oft mit bildgebenden Verfahren untersucht. Tatsächlich arbeiten ihre präfrontalen Areale schlechter als normal. Wenn sich die Betroffenen explizite Inhalte einprägen oder abrufen, ist außerdem ihr Hippocampus weniger aktiv. Bei Erwachsenen ist er gar physisch kleiner als bei Gesunden.

Die posttraumatische Belastungsstörung behandeln

Manchmal weiß man schon vorher, dass ein Ereignis ansteht, das manche Menschen seelisch traumatisiert. Dazu gehören etwa schwere Operationen. In solchen Fällen kann man die Erinnerung daran mithilfe von Kortisol gezielt »stören«; das scheint zumindest vorübergehend zu nützen. Es ist aber naturgemäß auf vorhersehbare Ereignisse beschränkt.

Normalerweise brechen gefährliche Ereignisse aber unerwartet ins Leben ein. Wer danach eine posttraumatische Belastungsstörung entwickelt, benötigt immer psychotherapeutische Hilfe. Sie kann durch Medikamente ergänzt werden, vorzugsweise Antidepressiva; manche davon erleichtern es sogar, dass die Neurone der Hippocampus-Region neue Dendriten bilden.

Ziel jeder Psychotherapie ist seelische Gesundheit. Bei der posttraumatischen Belastungsstörung geht es praktisch vor allem darum, die Angsterinnerungen einzugrenzen. Insofern hat es wenig Sinn, sie immer wieder hervorzuholen, etwa, um sie »durchzuarbeiten«; das vertieft nur die Gedächtnisspur. In einer erfolgreichen Therapievariante nutzt man »Gegen«-Gedanken. Die Betroffenen hatten die traumatisierende Szene bisher auf das zentrale Geschehen eingeengt. Jetzt trainieren sie, sie gedanklich zu vervollständigen, und stellen sich vor, dem Unheil aktiv entgegenzutreten. So schwächen sie die enge, eingefahrene Gedächtnisspur der Angst.

Erfolgreiche Psychotherapie kann die Erinnerung erweitern.

Gedächtnistraining kommt erst ganz zum Schluss

Belastungen und Stress, Depression und posttraumatische Belastungsstörung – Sie haben gesehen, dass negative Emotionen die Merkfähigkeit vielfältig beeinträchtigen. Da könnte man auf den Gedanken kommen, als Gegenmittel das explizite Gedächtnis eben technisch zu trainieren.

In den meisten Fällen greift das aber zu kurz. So liefern Mnemotechniken gute Strategien, mit denen man Wörterlisten oder Zahlenfolgen schneller und sicherer auswendig lernen kann; sie lassen sich aber nur mit viel Fantasie auf andere Situationen übertragen. Wer unter Stress steht und stark belastet ist, kann außerdem solche Strategien schlechter anwenden. Das Training selbst ist überdies viel mühsamer, wenn das Gedächtnis wegen einer Depression oder posttraumatischen Belastungsstörung beeinträchtigt ist; und dennoch kommt dabei weniger heraus. Und schließlich erholt sich die Gedächtnisleistung ohnehin, wenn die Emotionen wieder im Gleichgewicht sind.

Deshalb geht es in erster Linie um die große Linie: die Emotionen ins Gleichgewicht bringen. Wie gesagt: Bei Erkrankungen klappt das nicht, indem man sich zusammenreißt. Es braucht professionelle Hilfe.

Hilfreiche Entspannungstechniken

Falls allerdings der »normale« Alltagsstress Ihr Gedächtnis zu häufig stört, sollten Sie lernen, ihn in den Griff zu bekommen; wie, haben wir oben schon sehr kurz beschrieben. Dabei helfen Therapeuten und manchmal auch ein Volkshochschulkurs. Dort können Sie vor allem Entspannungstechniken lernen: Autogenes Training, Progressive Muskelentspannung oder Meditationsmethoden.

Autogenes Training

Autogenes Training ist eine Methode der Selbstsuggestion. Sie üben zunächst, die Empfindungen in Ihren Armen und Beinen willentlich zu beeinflussen. Das Ziel: Sie werden »auf Befehl« warm oder schwer. Wenn Sie das Autogene Training beherrschen, können Sie sich gut entspannen und in den höheren Stufen sogar Ihr Denken steuern. Aber es ist schwer zu lernen.

Jacobson-Entspannung

Ganz leicht zu erlernen ist dagegen die Jacobson-Entspannung. Ihr Prinzip: Sie spannen verschiedene Muskelpartien Ihres Körpers zunächst an. Dann lassen Sie los, und dadurch fällt es ganz leicht zu entspannen. Sie gehen von der Hand über Unterarm und Oberarm zur Schulter, von den Zehen über den Unterschenkel zum Oberschenkel, von der Stirn über die Augen zum Mund. Jeweils dreimal spannen Sie die Partie erst an und entspannen sie danach. Die Jacobson-Methode wirkt fast immer entspannend, und zwar körperlich wie seelisch.

Entspannungsmethoden sind individuell – probieren Sie aus, welche Ihnen persönlich am besten liegt.

Meditation

Ganz ähnlich ist das Programm aufgebaut, das der amerikanische Psychologe Jon Kabat-Zinn »Stressbewältigung durch Achtsamkeit« nennt. Er hat die Methode aus der asiatischen Meditations-Tradition entwickelt. Zunächst üben Sie, auf Ihren Atem zu achten, später gehen Sie währenddessen in Gedanken durch Ihren Körper. Zwischendurch bleiben Sie stehen und beobachten genau, was Sie an der beobachteten Stelle empfinden: Wärme, Kälte, Schmerzen, Jucken, Spannung, Lockerheit? Ein großer Prozentsatz der bisher untersuchten Teilnehmer wurde dadurch entspannter und nahm viele Dinge gelassener.

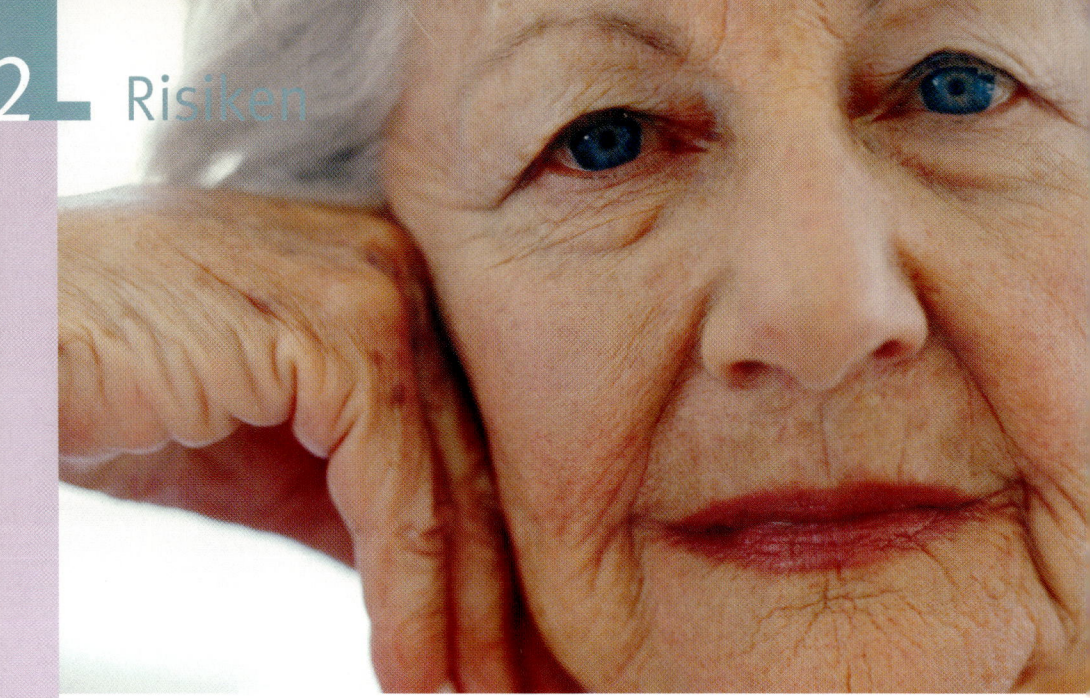

Leichte Gedächtnisstörung und Demenz

Sind Sie über 50 Jahre alt? Vergessen Sie gelegentlich etwas? Dann könnte Ihnen schon mal das Stichwort »Alzheimer« durch den Kopf gegangen sein. Vielleicht war es auch »Demenz«, das ist der Überbegriff.

»Demenz« leitet sich aus dem lateinischen Wort »mens« her, das bedeutet (menschlicher) Geist; de-mentia entsprechend Verlust des Geistes. Heute bezeichnen wir alle Krankheiten des Gehirns als Demenz, die den Menschen fortschreitend seiner geistigen Fähigkeiten berauben. Im Unterschied dazu richten Verletzungen einen Schaden an, der spezifisch ist und sich meist nicht verschlimmert.

Gibt es heute mehr demente Menschen?

Wir werden im Schnitt deutlich älter als unsere Großeltern. Deshalb steigt sowohl die absolute Zahl der Siebzig- bis Über-Hundertjährigen als auch deren Anteil an der Bevölkerung. Das hat auch medizinische Folgen: In einer älteren Bevölkerung gibt es automatisch mehr Kranke als in einer gleich großen jungen. Einmal bestehen chronische Krankheiten eben lebenslang, zum anderen treten viele Krankheiten erst im höheren Lebensalter auf. Besonders klar ist das bei den Altersdemenzen: Mit 50 Jahren leidet praktisch niemand daran, mit 90 Jahren mindestens jeder Dritte. Wenn viele Menschen sehr alt werden, leiden logischerweise mehr an einer Demenz, und das ist ein Grund, warum es mehr demente Frauen als Männer gibt.

Nun kennen Sie selbst sicherlich Ältere und sogar Hochbetagte, die ziemlich gesund sind und nicht durch ein extrem schlechtes Gedächtnis auffallen. Haben die etwas gemeinsam? Haben gesunde Ältere wirksam vorgebeugt? Gibt es eine heimliche erfolgreiche Behandlung? Oder haben manche einfach Glück?

In der Gedächtnissprechstunde

Sie wissen, dass die Gedächtnisspanne bis zum Alter von 17 Jahren wächst und anschließend wieder schrumpft; minimal, doch unablässig. Normalerweise sind diese »Einbußen« so harmlos, dass sie sich praktisch kaum auswirken.

Manchmal lässt das explizite Gedächtnis aber insgesamt in einem Umfang nach, der den Alltag doch erschwert. Die wichtigsten medizinischen Ursachen für Gedächtnisstörungen kennen Sie schon. Im Alter kommen neue hinzu. Einige ließen sich einfach vermeiden: Mangelernährung, Austrocknen, ungünstige Medikamente oder Medikamente, die sich gegenseitig stören. Die anderen sind die fortschreitenden Erkrankungen des

Gedächtnis-
sprechstunden
gibt es in sehr
vielen Städten.

Gehirns. – Schauen wir noch einmal in die Gedächtnissprechstunde (Service S. 140).

»Ich bin ›fürchterlich vergesslich‹«

Wilma Jung kam, weil sie sich selbst für »fürchterlich vergess-
lich« hielt. Klaus Klein kam seiner Tochter zuliebe, die seine
Vergesslichkeit viel schlimmer fand als er selbst (auch diese
Namen sind geändert).

Beide Patienten leben alleine und versorgen sich selbstständig.
Herr Klein ist 69 und bekommt zweimal in der Woche Besuch
von seiner Tochter, die ihn gelegentlich im Haushalt unterstützt. Frau Jung ist 72 und organisiert sich komplett selbst. –
Im Gedächtnistest schneidet Herr Klein eindeutig schlechter ab
als andere Leute zwischen 65 und 70 Jahren. Er hat bis 65 als
Buchhalter gearbeitet. Das hätte er mit dieser Leistung nicht
gekonnt; seine Tochter bestätigt: »Bis kurz nach der Berentung
war sein Gedächtnis völlig normal«. Frau Jung ist ehemalige La-
teinlehrerin. Ihre Testleistung ist gerade noch so gut wie die
ihrer Altersgenossen zwischen 70 und 75. Sie erzählt, warum
sie trotzdem leidet: »Früher hatte ich ein sehr gutes Gedächtnis. Nach der Pensionierung mit 62 Jahren habe ich Chinesisch
gelernt und bin nach Taiwan gefahren; dort konnte ich mich
gut verständigen.« Das könnte sie heute wohl nicht mehr. Ihre
jüngere Schwester berichtet außerdem: »Früher war Wilma
das wandelnde Gedächtnis der Familie. Für die Ereignisse der
letzten Jahre ist sie das nicht mehr.«

Der Test bringt es an den Tag

Tatsächlich haben beide kein altersgemäßes Gedächtnis. Das
explizite Gedächtnis von Herrn Klein ist – im Gegensatz zu früher – jetzt deutlich schlechter, als es in seinem Alter normal
wäre. Frau Jung war früher besonders gut. Dass sie jetzt gerade
noch durchschnittlich ist, zeigt: Ihr Gedächtnis wurde schneller schlechter als üblich. Eine Demenz hat trotzdem keiner von

beiden; ihre Gedächtnisstörungen sind nicht sehr stark, und zu Hause benötigen sie keine Hilfe.

Was ist dafür verantwortlich? Sind sie belastet, gestresst, depressiv? Hatten sie einen Schlaganfall oder wurde das Gehirn auf andere Weise verletzt? Geprüft wurde alles, nichts davon ist der Fall. Herr Klein und Frau Jung haben beide eine »leichte kognitive Störung«. Etwas salopp könnte man sagen: Sie sind im Kopf etwas zu schnell zu alt geworden. Wie viele Ältere unter leichten kognitiven Störungen leiden, zeigt die folgende Tabelle.

Die leichte kognitive Störung (LKS) in Zahlen

Wohnbevölkerung 2005	insgesamt	Anteil an den Über-65-Jährigen
Bundesrepublik Deutschland	82 438 000*	–
∎ davon älter als 65 Jahre	15 870 000*	–
– davon mit LKS	zwischen 1,6 und 4 Millionen	ca. 10–25 %
jährliche Neuerkrankungen LKS	ca. 250 000–300 000	ca. 2–3 %
Aufnahmen in Allgemeinkrankenhäusern von Patienten, die älter sind als 65 Jahre	ca. 16,5 Millionen**	jeder mindestens einmal
∎ davon mit LKS	ca. 6 Millionen**	36 %

* gerundet auf Tausender, ** gerundet

Lässt sich der Gedächtnisverlust aufhalten?

Herr Klein und Frau Jung wollen natürlich wissen, wie es weitergeht mit ihren Gedächtnisstörungen. Genau lässt sich das aber nicht vorhersagen, die leichte kognitive Störung ist keine Einbahnstraße, glücklicherweise.

■ Bei jedem Zweiten verschlechtert sich das Gedächtnis im Laufe der vier folgenden Jahre so, dass er oder sie dement wird.

■ Bei der anderen Hälfte dagegen ändert sich in vier Jahren gar nichts oder es wird sogar wieder besser.

Hat diese zweite Hälfte eben Glück gehabt?

Einige sicher. Aber es gibt auch Verhaltensweisen und Lebensumstände, die vor Verschlechterung schützen. Die meisten von ihnen kann man ändern. Wenn Herr Klein oder Frau Jung ihr Leben entsprechend organisieren, steigen deshalb ihre Chancen auf weitere demenzfreie Jahre.

Aktiv gegen leichte kognitive Störungen

Wenn Sie selbst oder ein Angehöriger unter einer leichten kognitiven Störung leiden, muss sich das Gedächtnis nicht notwendig gleich weiter verschlimmern. Werden Sie aktiv bzw. unterstützen den Betroffenen, selbst etwas zu tun. Wir empfehlen:

■ Rauchen Sie nicht, trinken Sie nur sehr wenig Alkohol, nehmen Sie keine Beruhigungsmittel und keine illegalen Drogen.

■ Ernähren Sie sich gesund und ausreichend. Essen Sie viel Obst und Gemüse, eher Vollkorn- als Weißmehlerzeugnisse, wenig Zucker, eher Olivenöl als tierische Fette und nicht täglich Fleisch, ersetzen Sie außerdem häufiger Fleisch durch Fisch.

■ Trinken Sie täglich zwei Liter Wasser oder verdünnte Fruchtsäfte oder Tee ohne Zucker, auch wenn Sie weniger Durst verspüren. Vorsicht: Diese Flüssigkeitsempfehlung gilt nicht, falls Sie unter einer Herzinsuffizienz oder einer Nierenerkrankung leiden.

■ Bewegen Sie sich regelmäßig. Gehen Sie mindestens eine halbe Stunde täglich zügig spazieren, machen Sie Gymnastik, Yoga oder leichten Sport. Wenn Sie das gemeinsam mit anderen tun, bekommen Sie noch angenehme soziale Kontakte dazu.

■ Sorgen Sie für Ihre körperliche Gesundheit; werden etwa Zuckerkrankheit, Bluthochdruck und Ähnliches nicht ausreichend behandelt, beeinträchtigt das auch die geistige Leistungsfähigkeit.

■ Ein kognitives oder ein Gedächtnistraining ist sinnvoll, wenn es Freude macht.

■ Lesen Sie – und nutzen Sie bei Funk und Fernsehen die anspruchsvolleren Programme.

Wenn sich die beiden diese Verhaltensweisen angewöhnen, dann aktivieren sie ihre Nervenzellen. Sie benutzen die Synapsen, die Neuronen können leichter Dendriten bilden und sterben seltener vorzeitig ab. Dadurch sinkt das statistische Risiko, dass sich ihr Befinden weiter verschlechtert. Es löst sich aber nicht auf. Deshalb ist auch niemand »schuld«, wenn die andere Möglichkeit doch eintritt: die Demenz.

Wie sich die Alzheimer-Demenz zeigt

In diesem Buch geht es um das Gedächtnis. Deshalb sprechen wir hier nicht über alle Demenzen, sondern nur über die bekannteste, die Alzheimer-Demenz. Sie überfällt niemanden wie ein Schädelhirntrauma und entsteht nicht durch ein einziges Ereignis wie ein Schlaganfall. Sie kündigt sich vorher mit Gedächtnisstörungen an, zunächst mit einer leichten kognitiven Störung. Sie entwickelt sich allmählich.

Demenzen werden in drei Schweregrade eingeteilt

Die Demenz hat drei Schweregrade: leicht, mittel und schwer (siehe auch Abb. auf S. 98). Das schwere Stadium tritt erst nach einigen Jahren ein. Dann ist das explizite Gedächtnis nicht mehr nur gestört, sondern fehlt fast völlig: Schwer demente Patienten vergessen nicht nur alles, was sie selbst aktuell erleben. Sie verlieren auch ihr altes Wissen. Der Wortschatz kommt ihnen genauso abhanden wie ihre eigene Lebensgeschichte. Sie erkennen ihre nächsten Angehörigen nicht mehr. Sie hantieren ratlos mit Alltagsdingen, etwa Butter, Brot und einem Messer. Kurz: Sie sind vollständig pflegebedürftig.

Die Schwere der Demenz zeigt sich zuerst am Ausmaß der Gedächtniseinbußen.

Aber sie sind nicht bewusstlos. Sie können aufstehen und herumgehen, essen und trinken, sich freuen und ärgern – und sie erkennen sehr wohl, ob man ihnen freundlich oder missmutig begegnet.

Wie man eine beginnende Demenz erkennt

Starke Gedächtnisstörungen, wie sie im Frühstadium der Demenz vorkommen, werden noch immer als gewöhnliche Al-
terserscheinung missverstanden. Manche entscheidende Ver-
änderung ist aber gut erkennbar. Treten mehrere davon auf,
sollte man einen fachkundigen Nervenarzt zu Rate ziehen. Die
wichtigsten kritischen Veränderungen sind:

- Vor allem das prospektive – also das planerische – Gedächtnis verschlechtert sich spürbar, so dass es teilweise den Alltag beeinträchtigt, man vergisst beispielsweise Verabredun-
  gen.
- Die Betroffenen vergessen, was sie mit anderen besprochen
  oder vereinbart haben. Sie müssen öfters nach Wörtern suchen oder legen Dinge unauffindbar irgendwohin – etwa die
  Brille ins Eisfach.
- Zunehmend greift die Gedächtnisstörung auf das episodische Gedächtnis über; sie können sich an immer weniger
  eigene Erlebnisse der letzten Zeit erinnern.
- Sie verwechseln Jahreszeiten und Jahre.
- Sie geben anspruchsvolle Hobbys wie Schachspielen oder
  Tagebuchschreiben auf und finden dafür »objektive« Erklä-
  rungen.
- Sie gehen nicht mehr von selbst einkaufen, merken nicht,
  wenn Brot schimmelt und vernachlässigen die Körperpflege.
- Sie ziehen sich zurück.

Psychische Reaktionen

Demente Patien-
ten spüren sehr
wohl, dass etwas
nicht stimmt.

Patienten mit einer Demenz bemerken ihre Gedächtnisstörung
oft intuitiv, benennen sie aber nicht. Viele versuchen anfangs,
sie zu kompensieren. Besonders gut gelingt das gebildeten und
redegewandten Personen. Manche überspielen die Veränderungen, indem sie zum richtigen Zeitpunkt einfach freundlich
fragen. Manche schämen sich heimlich und werden depressiv.
Manche fühlen sich so überfordert, dass sie wütend und ag-
gressiv werden. Manche werden unruhig, auch körperlich. Ein
Grund: Wer sich an kaum etwas erinnern kann, langweilt sich.

Man weiß nicht ganz genau, wie viele Menschen in Deutschland unter einer Demenz leiden. Aber es gibt einige Fakten, aus denen man die Zahl ganz gut schätzen kann: Demnach waren es bereits im Jahr 2002 mindestens 800 000 Menschen, wahrscheinlich eher 1 200 000. Genaueres finden Sie in der folgenden Tabelle.

Demenz in Zahlen

	absolute Zahlen*	in Prozent* der Altersgruppe
Personenzahl Wohnbevölkerung über 65 Jahre in Deutschland (2003)	knapp 15 Millionen	
▌ davon Patienten mit Demenz (2002)	zwischen 800 000 und 1 200 000	5,3–8%
Häufigkeit zwischen 65 und 69 Jahren	knapp 56 000	1,2%
Häufigkeit zwischen 75 und 79 Jahren	etwa 165 000	5,8%
Häufigkeit über 90 Jahren	knapp 195 000	33,5%
geschätzte Häufigkeit 2050	ca. 1,5 bis 2,5 Millionen	wie heute

* alle Zahlen gerundet

Demenzen heilen nicht – was tun?

Eine Diagnose nützt, wenn man Konsequenzen daraus ziehen und handeln kann. Da die allermeisten Leute Bescheid wissen wollen, stehen folgende Fragen im Mittelpunkt:

- Woher kommt die Demenz?
- Wie verläuft die Krankheit, lässt sie sich beeinflussen?
- Wie verkraftet man sie?
- Kann man organisatorisch vorsorgen?
- Mit einem vierten Thema müssen sich die Angehörigen allein beschäftigen: Was können sie für sich selbst planen?

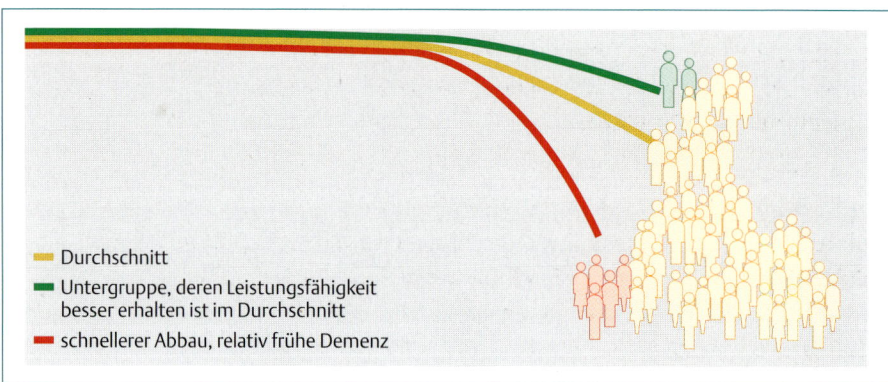

■ Durchschnitt
■ Untergruppe, deren Leistungsfähigkeit
  besser erhalten ist im Durchschnitt
■ schnellerer Abbau, relativ frühe Demenz

▲ Wie sich Gedächtnis und geistige Leistung über die Jahre entwickeln. Sehr lange ändert sich nicht viel. Im hohen Alter sinkt die Leistung deutlicher – im Mittel so, wie bei der gelben Linie. Bei einigen sinkt sie sehr viel langsamer (grüne Linie und Figuren). Bei anderen treten bereits früh große Defizite auf (rote Linie und Figuren).

Den Verlauf verlangsamen

Es gibt kein Virus, keine spezielle Verletzung und kein einzelnes Gen, das die Alzheimer-Demenz auslöst. Deshalb ist niemand daran »schuld«. Nach allem, was wir heute wissen, kann es absolut jeden Menschen treffen, manche schon mit 70 Jahren, manche erst als Hochbetagte. Eine Demenz lässt sich nicht stoppen. Aber man kann das Tempo drosseln, mit dem sie fortschreitet: durch eine gute Umgebung, hervorragende Pflege und Medikamente. Welche Medikamente geeignet sind und wie sie wirken, lesen Sie ab S. 98. Im Übrigen ist die Diagnose ein Schock; manche Patienten verarbeiten den leichter, wenn sie dabei psychotherapeutisch unterstützt werden.

Frühzeitig externe Gedächtnishilfen einsetzen

Patienten mit einer Demenz sollten sich so viel betätigen, wie sie können – auch körperlich. Lange, insbesondere im vorangehenden Stadium der leichten kognitiven Störung, funktioniert das implizite Gedächtnis noch gut. Deshalb kann man in dieser

Zeit noch gut einüben, externe Gedächtnishilfen erfolgreich zu nutzen: dazu gehören vor allem detaillierte Terminkalender, Hinweiszettel, Stoppuhren, Fotos mit Namen, beschriftete Schränke und Mobiltelefone.

Die Wohnung demenzgerecht gestalten

Kennen sich die Patienten in ihrer gleichbleibenden Umgebung vollständig aus, dann bleiben sie viel länger selbstständig. Deshalb verschlechtert sich die Demenz bei vielen über Nacht, wenn sie ins Krankenhaus müssen. Der normale Lebensraum, die Wohnung, muss deshalb absolut übersichtlich und unfallsicher gestaltet sein. Also: keine überflüssigen Möbel – außer den Lieblingsstücken, die Vertrautheit und Heimat ausstrahlen –, keine rutschenden Teppiche oder freien Kabel. Bad und Toilette sollten mit Haltegriffen versehen werden, auch wenn es körperlich »noch« nicht nötig erscheint. Dann kann man gemeinsam üben, wie man Griffe und andere Hilfen automatisch benutzt. So lernt der oder die Betroffene, sich in den Räumen problemlos zu bewegen. Erklären Sie das nicht ausführlich mit Worten. Trainieren Sie es lieber praktisch und einfühlsam. Dann kann Ihr Patient auf den impliziten Gedächtniswegen lernen, die ihm noch zur Verfügung stehen.

HILFREICH

Besser wohnen im hohen Alter

Drei von fünf Patienten mit Demenz werden von Verwandten zu Hause gepflegt, meist von den weiblichen. Im schweren Stadium ist das nur noch selten möglich. Dann kommt das Heim, obwohl niemand dort hin will und die Kosten hoch sind.

In letzter Zeit haben einige Leute etwas anderes ausprobiert: die Alten-Wohngemeinschaft. Mit 65 Jahren können die Bewohner einziehen und sich so rechtzeitig an die Wohnung gewöhnen. Werden sie dement, kommen sie dort viel länger zurecht als in einer völlig neuen Heimumgebung. In einer Alten-WG mit Dementen kümmern sich die Jüngeren und Fitteren um den Alltag: das Essen, die Wäsche und den Haushalt. Sie können auch einfachere Pflegeaufgaben übernehmen. Für die Organisation bräuchte man Koordinatoren und nur für schwerere pflegerische Tätigkeiten Profis – für die Arbeit mit Bettlägerigen und mit Dementen.

Demente brauchen kein Gedächtnistraining, sondern Vertrautes

Wer unter einer leichten kognitiven Störung leidet, kann von einem Gedächtnistraining profitieren, falls es Freude macht. Bei der leichten Demenz ist es nicht mehr angezeigt. Einerseits bremst es das Fortschreiten der Demenz nicht. Andererseits – und das ist schlimmer – legt es Gedächtnisdefizite schonungslos offen. Da die Patienten meist keine Routine und kein Vorwissen für solche Aufgaben haben, können sie nämlich weder kompensieren noch etwas überspielen. Das trübt ihre Stimmung, wenn es nicht gleich völlig depressiv macht. Es ist viel wirkungsvoller, wenn sie geistige Betätigungen möglichst lange ausüben, die ihnen vertraut sind und die sie mögen. Sie können weiterhin Radio hören oder fernsehen – anfangs auch anspruchsvollere Programme –, Karten spielen oder lesen. Wer früher musiziert hat, kann das lange, weil vieles davon implizite Gedächtnisleistungen verlangt. Singen können aber auch Patienten lange, die nie ein Instrument gelernt haben.

Die Genetik spielt nur eine Nebenrolle

Wer demente Angehörige hat, fürchtet oft, selbst erblich belastet zu sein. Diese Befürchtung ist nur sehr am Rande berechtigt, und selbst da geht es meistens nur um ein Risiko, nicht um die Krankheit selbst. So gibt es den Faktor ApoE; das ist ein sogenannter »Polymorphismus«, eine Genvariation, die das statistische Risiko für das Entstehen einer Erkrankung etwas erhöht (Variante ApoE4) bzw. erniedrigt (Varianten ApoE2 oder ApoE3). Das Down-Sndrom (Mongolismus) steigert das Demenzrisiko, da auf dem zusätzlichen Chromosom 21 (Trisomie 21) das Vorläufereiweiß des Beta-Amyloids codiert ist.

Davon müssen jene extrem seltenen sogenannten autosomal dominanten »Alzheimer-Mutationen« unterschieden werden, die von Generation zu Generation mitgegeben werden und mit Sicherheit zur Entwicklung einer Alzheimer-Demenz führen (familiäre Alzheimer-Demenz).

Sie leiden mit – Angehörige Demenzkranker

Wenn einer Ihrer Angehörigen eine schwere Gedächtnisstörung hat, betrifft Sie das unweigerlich und intensiv mit. Trotzdem müssen Sie besonders gut funktionieren. Nehmen Sie deshalb unbedingt die Kompetenz der Alzheimer-Gesellschaft in Anspruch und informieren Sie sich dort umfassend. Weil es viele Bücher dazu gibt (siehe Service S. 137), fassen wir hier nur das Unerlässliche zusammen:

- Besprechen Sie mit Ihrem Angehörigen rechtzeitig, ob und wie Sie die Wohnung den zukünftigen Gegebenheiten anpassen können.
- Regeln Sie gemeinsam die Finanzen und rechtliche Fragen, z.B. die nach der Betreuung.
- Diskutieren Sie nicht über bestimmte Verhaltensweisen. Seien Sie freundlich, aber bestimmt. Bedenken Sie: auch ein Angehöriger mit Demenz spürt Ihre Stimmung gut, Ihre Erklärungen dagegen versteht er zunehmend schlechter.
- Schenken Sie unaufdringliche, aber stetige Zuwendung.
- Das implizite Gedächtnis funktioniert viel länger als das explizite. Deshalb ist es viel sinnvoller, wichtige Handgriffe ruhig vorzumachen und gemeinsam zu üben, als sie wortreich zu erklären.
- Niemand hat etwas davon, wenn Sie sich zu viel aufbürden und zusammenbrechen; kümmern Sie sich deshalb systematisch auch um Ihre eigene Gesundheit und Ihr eigenes Wohlergehen. Nehmen Sie Hilfe von anderen an, wo immer es möglich ist.

Kann man der Demenz vorbeugen?

Bisher ist die Alzheimer-Demenz nicht heilbar, aber wir können ihren Verlauf mildern. Wir können sie nicht so verhindern wie das Schädelhirntrauma mit einem Helm, weil wir praktisch keine einzelne Ursache für die Alzheimer-Krankheit kennen. Wir wissen aber, wie sie verläuft, und wir kennen eine ganze Anzahl Risikofaktoren. Wenn Sie die klein halten, ist das zwar keine Versicherung gegen die Demenz, aber Sie schützen sich wirksam davor.

Ein Risikofaktor macht es wahrscheinlicher, dass eine Krankheit früher eintritt oder schwerer verläuft. Aber unser Gehirn tut sich mit Wahrscheinlichkeiten ein wenig schwer. Deshalb ignorieren wir sie gerne wie der Raucher, der strahlend er-

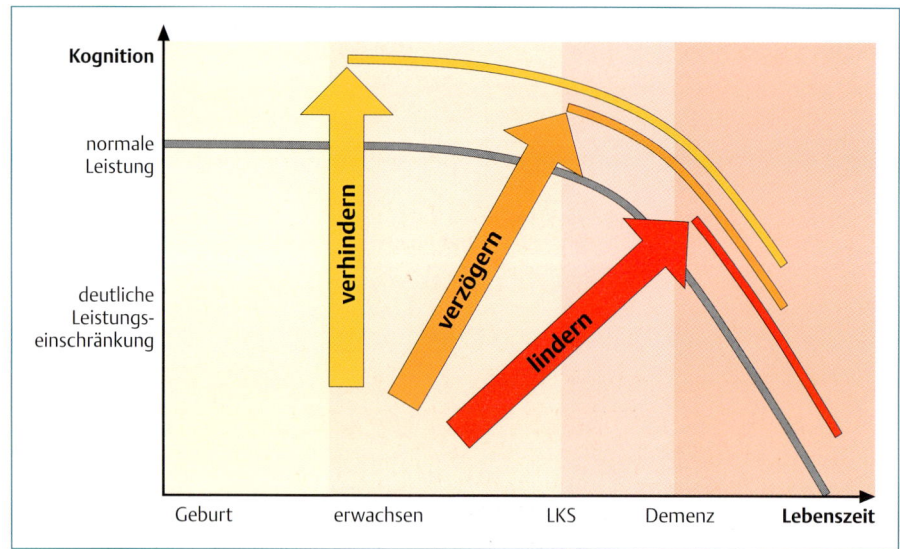

▲ Im Lauf des Lebens können wir Körper und Gehirn vor Schäden schützen und dadurch verhindern, dass die Demenz frühzeitig auftritt. Noch im hohen Alter, selbst wenn eine leichte kognitive Störung (LKS) aufgetreten ist, lässt sich die Demenz hinauszögern, indem man gewisse geistige Leistungen trainiert und belastende Erkrankungen behandelt. Ist eine Demenz eingetreten, kann man sie nur noch lindern.

Die fünf Schutzfaktoren gegen Demenz

Fünf Faktoren scheinen besonders viel Schutz zu gewährleisten:

▌ Eine **große »kognitive Reserve«**, eine höhere geistige Leistungsfähigkeit. Die haben zum Beispiel Menschen, die viele Interessen haben, geistig sehr aktiv sind und mehr lesen als fernsehen. Dieses Verhalten gewöhnt man sich selten im Alter an, es beginnt in der Kindheit. So schützt eine gute Schulbildung lebenslang.

▌ **Genügend Bewegung** während des ganzen Lebens.

▌ Möglichst **wenige organische Schäden am Gehirn**, direkt wie indirekt.

Verhindern Sie vor allem direkte Verletzungen, aber minimieren Sie auch den Konsum von Drogen jeder Art einschließlich Alkohol.

▌ **Körperliche Gesundheit.** Nicht nur, aber vor allem chronische Krankheiten wie Diabetes oder Herzerkrankungen erhöhen das Risiko für eine Demenz. Lassen Sie deshalb Krankheiten grundsätzlich sachgemäß behandeln.

▌ **Seelische Gesundheit.** Vor allem schwere Depressionen machen eine Demenz wahrscheinlicher. Deshalb sollte man sie verhindern oder konsequent behandeln.

zählt: »Kürzlich ist mein bester Freund an Lungenkrebs verstorben, obwohl er nie eine Zigarette geraucht hat. Dagegen ist mein Onkel 95 Jahre alt; der hat immer geraucht, aber bis heute keinen Lungenkrebs. Also ist es ein bösartiges Märchen, dass Tabak Lungenkrebs hervorrufen soll. Ich jedenfalls rauche weiter.«

Die »Gegen«-beispiele mögen noch so richtig sein; dass Rauchen der wichtigste Risikofaktor für Lungenkrebs ist, widerlegen sie trotzdem nicht. Ein Risikofaktor verursacht nämlich keine Krankheit, er macht sie nur wahrscheinlicher. Bei der Demenz ist das so: Stellen Sie sich zweihundert 70-Jährige vor. Bei hundert kommen viele Risikofaktoren zusammen, bei den anderen hundert nur wenige. Dann haben nach fünf Jahren aus der ersten Gruppe etwa 20 eine Demenz entwickelt, in der zweiten nur einer.

Die meisten Risikofaktoren kann man beeinflussen, viele davon reichen zurück in die mittlere Lebensspanne, manche sogar in die Kindheit. Wenn Sie das Risiko für sich und Ihre Familie klein halten wollen, beginnen Sie mit der Vorbeugung also unbedingt bereits bei Ihren Kindern. Für sich selbst können Sie damit ohnehin nicht zu früh beginnen.

Wie Medikamente gegen Demenz wirken

Wir wissen zwar nicht ganz genau, was die Alzheimer-Krankheit im Detail auslöst. Aber wir wissen, was dabei geschieht. So lagern sich im Gehirn dieser Patienten zwischen den Nervenzellen Stoffe ab, die dort nicht hingehören: »hyperphosphorisiertes Tau-Protein und Beta-Amyloid 1–42«. Das Beta-Amyloid ist ein Abfallprodukt. Normalerweise wird es einfach abtransportiert. Geschieht das nicht, sammelt es sich zwischen den Zellen an, hindert die Neuronen an ihrer Arbeit und zerstört

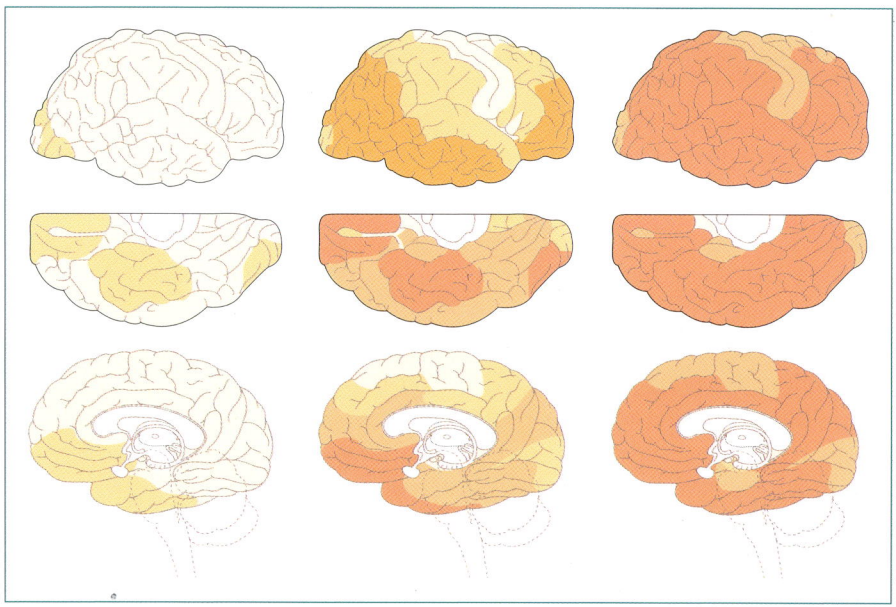

▲ Drei Stadien der Neurodegeneration: Je dunkler die Farbe, umso mehr Alzheimer-Veränderungen haben sich im Gehirn außen (obere Reihe), unten (mittlere Reihe) und innen (untere Reihe) abgelagert.

sie so. Diese Ablagerungen nennt man »Plaques«, Flecken oder Kugeln.

Das Tau-Protein gehört eigentlich zum inneren Transportsystem der Neuronen. Bei der Demenz machen sich Tau-Moleküle aber selbständig. Dann klumpen sie zusammen und verstopfen als »Neurofibrillen« die Transportwege innerhalb der Nervenzelle; deshalb stirbt sie ab.

Beide Prozesse gemeinsam lassen das Gehirn im Wortsinn schrumpfen, weil sie weit mehr Neuronen zerstören, als neue nachwachsen können.

Bei Alzheimer-Demenz fehlt Acetylcholin

Hippocampus und Frontalhirn benötigen den Neurotransmitter Acetylcholin, um ihre Gedächtnisaufgaben zu erfüllen. Wenn sich nun im Gehirn von Patienten mit Alzheimer-Demenz immer mehr Plaques und Neurofibrillen konzentrieren, können die zuständigen Nervenzellen immer weniger Acetylcholin herstellen.

Nun brauchen die Synapsen genau die richtige Menge Acetylcholin, nicht zu viel und nicht zu wenig. Bei Gesunden wird deshalb ständig neues produziert. Ein Teil davon wird ständig wieder abgebaut: Das besorgen Enzyme, Wirkstoffe aus der Gruppe der Cholinesterasen; das Acetylcholin wird von der Cholinesterase gespalten. Aus den Abbauprodukten wird wieder neues Acetylcholin aufgebaut. Der Prozess sorgt selbst für die richtige Balance. Bei Patienten mit Alzheimer geht nur eins so schnell wie immer: der Abbau. Sie produzieren zu wenig Acetylcholin, und das wird dann gleich wieder gespalten. Deshalb haben die Synapsen nicht genug davon zur Verfügung (siehe Abb. auf S. 100). Die Folge: Sie arbeiten schlecht, die Gedächtnisleistung sinkt und die Nervenzellen verkümmern.

2 Risiken

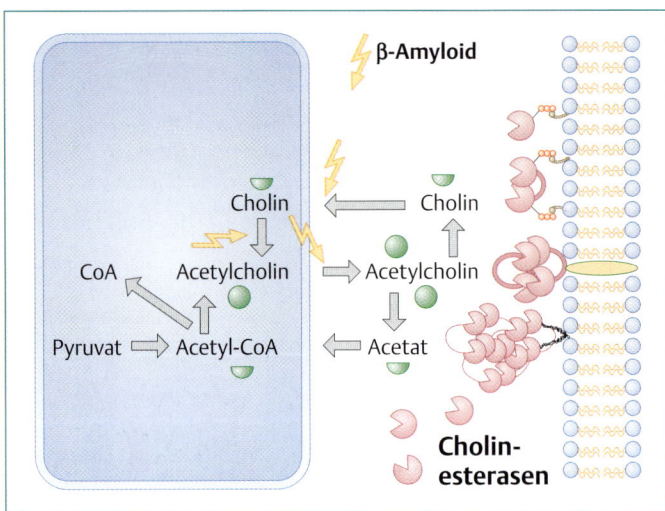

▶ Im synaptischen Spalt: Cholinesterasen spalten das Acetylcholin sehr schnell – auch dann, wenn nur noch wenig davon vorhanden ist (zum Vorgang insgesamt siehe S. 51).

Antidementiva – Zeitgewinn fürs Acetylcholin

Patienten mit Alzheimer produzieren zu wenig Acetylcholin, aber die normale Menge an Cholinesterase. Deshalb würde es gar nichts nützen, einmal Acetylcholin zu spritzen oder einzunehmen; es würde einfach wieder abgebaut.

Deshalb versuchte man etwas anderes: die Arbeit der Cholinesterase hemmen. Genau das tun die modernen Cholinesterase-Hemmer. Diese Medikamente werden Antidementiva genannt. Sie helfen dementen Patienten nachweislich: Im frühen und mittleren Stadium verbessern sie die Gedächtnisleistung im Test, die Krankheit schreitet langsamer fort. Bei einer leichten kognitiven Störung nützen sie dagegen kaum und bei Gesunden sind sie weitgehend nutzlos; bei ihnen sind das Acetylcholin und sein Hemmstoff ja ohnehin im Gleichgewicht. Die wichtigsten Antidementiva heißen (alphabetisch) Donepezil, Galantamin und Rivastigmin. Rivastigmin gibt es jetzt auch als Pflaster. Dabei treten deutlich weniger Nebenwirkungen auf und die Anwendung wird zuverlässiger.

Nebenwirkungen der Antidementiva

Als wirksame Arzneimittel haben Antidementiva gelegentlich Nebenwirkungen. Dazu gehören etwa Übelkeit, Durchfall, Müdigkeit, Kopfschmerzen oder Schwindel. Um sie klein zu halten, beginnt man mit sehr niedrigen Dosierungen. Bei einigen Krankheiten darf man bestimmte Antidementiva gar nicht einnehmen.

Memantin reguliert den Botenstoff Glutamat

Der Wirkstoff Memantin hat einen etwas anderen Wirkmechanismus. Er verhindert eine Übererregung des Gehirns durch den Botenstoff Glutamat, der »exzitatorisch« und dadurch potenziell giftig ist. Auch Memantin hat sich bei Alzheimer-Demenz bewährt, vor allem im mittleren und späteren Stadium.

Ginkgo und Nootropika

Über diese Stoffe haben wir schon kurz im Kapitel über das Gehirn berichtet. Ginkgo verbessert das Gedächtnis im frühen Demenzstadium und kann das Gehirn schützen. Ähnliches gilt auch für Nootropika wie Piracetam, die ganz allgemein die Leistung des Gehirns älterer Menschen steigern sollen. Bei einer Alzheimer-Demenz sind die Antidementiva deutlicher wirksam.

Wie Sie Ihr Gedächtnis stärken

Mit ganz persönlichen Gefühlen verbinden wir unsere eigene Lebensgeschichte. Die Erinnerungen daran können Sie unterstützen, genauso wie alle anderen Facetten Ihres Gedächtnisses, an jedem Tag und in jedem Lebensalter. Dann leben Sie intensiver und mindern nebenbei Ihre organischen Gedächtnisrisiken. Es setzt nur eins voraus: selber tun statt machen lassen.

Lebensart und Lebenslauf

Was haben Sie am 23. April 2008 gemacht? Fällt Ihnen mehr ein als »Da bin ich wohl arbeiten gegangen«? Falls nicht: Woran liegt das?

Überlegen Sie jetzt, wie Sie den Tag verbrachten, an dem Sie Ihr letztes Schulzeugnis bekamen – Abitur, mittlere Reife oder Hauptschulabschluss. Gab es eine Veranstaltung in der Schule? Haben Ihre Eltern Sie begleitet? Welche Kleidung trugen Sie? Und wie fühlten Sie sich an diesem letzten Schultag?

Sich an das eigene Leben erinnern

Von diesen beiden Tagen ist es vermutlich Ihr letzter Schultag, der vermutlich länger zurückliegt. Trotzdem können Sie sich daran wahrscheinlich besser erinnern als an den 23. April. Wir speichern nämlich Ereignisse oder »Episoden« des eigenen Le-

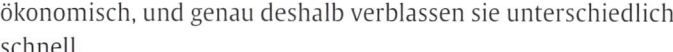

ökonomisch, und genau deshalb verblassen sie unterschiedlich schnell.

Alltägliche Erlebnisse verblassen rasch

Am Abend des 23. April können Sie sich an fast jede Einzelheit dieses Tages erinnern, eine Woche später noch an das Außergewöhnliche; etwa, mit wem Sie länger gesprochen haben oder dass Sie abends mal wieder mit Helga im »Capri« waren. Einen Monat später ist alles stark verblasst – bis Sie in Ihren Terminkalender schauen. In diesem Moment gewinnt all das wieder an Kontur, was dort verzeichnet ist. Nehmen wir an, im Kalender findet sich Ihr Essen im »Capri«. Dieser Hinweisreiz holt weitere Einzelheiten hervor: was Sie gegessen, getrunken und gesprochen haben und außerdem, ob der Abend angenehm war. Ein Jahr später geschieht das nicht mehr. Der Abend im Capri ist zu einem unter mehreren geworden; Sie können sich nicht mehr direkt daran erinnern, aber Sie wissen, dass er stattfand.

Besondere Erlebnisse verankern sich nachhaltiger

Die Schulentlassung dagegen markiert einen ganz speziellen Tag in Ihrem Leben. Wahrscheinlich haben Sie ihn damals herbeigewünscht und es gab eine Feier, für die Sie sich herausgeputzt haben. Alle sprachen davon, dass nun endgültig der »Ernst des Lebens« beginne, was Ihnen in Aussicht stellte, ab diesem Tag nicht mehr als Kind betrachtet zu werden. Im Laufe von Jahrzehnten verblasst zwar die Erinnerung an Einzelheiten, aber der Charakter als Ihr persönliches Erlebnis bleibt bestehen.

Eigene Erlebnisse speichern wir sehr ökonomisch – je wichtiger, desto sicherer.

Unser »inneres Tagebuch«

Das episodische Gedächtnis ist die persönlichste Gedächtnisfacette.

Dieses persönlich gefärbte Gedächtnis für das, was wir selbst erlebt haben, nennen wir »episodisch«. Es ist explizit, wie Sie in der Abbildung auf Seite 16 nachschauen können. Aber es bewahrt nicht einfach Fakten wie Wörterlisten, Biologie und Politik oder auch Autobiographisches wie den 23. April 2008. Das episodische Gedächtnis speichert zwar auch diese »semantischen« Inhalte; doch es reichert sie damit an, dass und wie Sie ganz persönlich diese Episode erlebt haben.

Wie war das damals eigentlich?

Das Gefühl »daran kann ich mich erinnern« holt beides hervor: was sich zugetragen hat und wie Sie das damals empfunden und bewertet haben. Dazu gehört auch, wie es Ihnen ging, was Sie gehört, gerochen oder geschmeckt haben.

Das episodische Gedächtnis speichert zunächst alles inzidentell, als notierte es Stichpunkte. Langfristig bleibt eine Erinnerung trotzdem nur dann episodisch, wenn das Ereignis ungewöhnlich war. Häufiges und Alltägliches verblasst als Episode. Da Sie öfter mit Helga ins Capri gehen, ist für den 23. April 2008 relativ bald nur noch das semantische Gedächtnis zuständig.

Welche Erlebnisse wir dauerhaft abrufen können

Dauerhaft speichern wir ein Erlebnis nur dann als persönliche Episode, wenn bei den Gedächtnisstufen aufnehmen – speichern – abrufen drei Punkte zusammenkommen:

- Aufnehmen/verschlüsseln 1: Das Ereignis ist ungewöhnlich, bietet also auffällige Hinweisreize. Das unterstützt die Aufmerksamkeit.
- Aufnehmen/verschlüsseln 2: Sie erleben es intensiv und bewerten es emotional positiv oder negativ. Dadurch wird es wichtiger.

■ Abrufen: Gelegentlich rufen Sie sich das Ereignis bewusst ins Gedächtnis, eben weil es wichtig war. Das Abrufen ist einfach, weil Sie viele Hinweisreize zur Verfügung haben. Bei jedem Abruf speichert sich die Erinnerung an das Erlebnis neu.

Falls Sie also am 23. April Geburtstag hatten, ein Kind bekamen, geheiratet haben, eine Prüfung hatten, eine neue Stelle oder eine große Reise angetreten haben, stach dieser Tag deutlich aus dem Alltag heraus. Wenn Sie die Ereignisse gedanklich mit dem Datum verknüpft haben, werden Sie sich noch lange persönlich daran erinnern – episodisch.

Gedächtnis stiftet Identität

Natürlich waren Sie bei der Schulentlassung jünger als jetzt. Sie haben anders ausgesehen, teilweise anders gedacht und sich mit anderen Themen beschäftigt. Trotzdem haben Sie sicher das Gefühl: »Das war ich, nur eben jünger.« Dieses Gefühl ist normal und sagt: Im Grunde war ich damals die gleiche Person wie heute. Es ist das Gefühl der Identität. Es kommt dadurch zustande, dass wir uns daran erinnern können, Ereignisse selbst erlebt und sie bewertet zu haben. Deshalb verlieren Menschen mit der Gedächtnisstörung »retrograde Amnesie« (Seite 62) einen Teil ihrer Identität: Sie können sich an bestimmte Zeitstrecken vor Beginn ihrer Erkrankung nicht erinnern.

Normalerweise »wächst« diese Identität mit, weil immer neue Episoden dazukommen. Das endet erst, wenn sich ein Mensch nichts Neues mehr merken kann; der häufigste Grund dafür ist eine Demenz. Dann erinnert er sich nicht mehr an sein eigenes Leben der letzten Zeit; deshalb lebt er geistig immer mehr in den Zeiten, an die er noch episodische Erinnerungen hat.

Unser Gefühl von »ich bin ich« hängt an unseren episodischen Erinnerungen.

3 ∟ Schutz

Überraschung

Hier finden Sie noch einmal eine Liste mit Wörtern. Lesen Sie sie einmal langsam durch und schreiben Sie danach alle auf, die Ihnen im Kopf geblieben sind. Es sind 13 Wörter, weit mehr als Ihre Gedächtnisspanne. Wie immer macht der Versuch nur Vergnügen, wenn Sie die Auflösung erst hinterher anschauen.

Die Liste:

Dichter – lesen – Roman – Verlag – Füller – Goldschnitt – blättern – Buchhandlung – schreiben – Schriftsteller – Krimi – drucken – Lesung.

Auflösung: Hier haben Sie wahrscheinlich besonders viele Wörter behalten. Der Grund: alle drehen sich um das Thema Buch. Dieses Wort ist ein wunderbarer Hinweisreiz für die gesamte Liste. Deshalb schreibt es mindestens auch jeder Zweite auf. Es war aber gar nicht dabei. Falsche Erinnerungen dieser Art passieren leicht, wenn wir uns eigene Erlebnisse ins Gedächtnis rufen. Es liegt daran, dass der rote Faden gewissermaßen mit dem Hinweisreiz identisch ist.

Pflegen Sie Ihre persönlichen Erinnerungen

Lebensart – das beschreibt, wie Sie die Welt sehen, wie Sie anderen begegnen, wie Sie leben. Und es beschreibt, wie Sie mit Ihren persönlichen Erinnerungen umgehen.

Lebensart beeinflusst unmittelbar Ihre Identität; Sie sind nämlich persönlich stabiler,

- wenn Sie auf wichtige persönliche Erinnerungen bewusst zugreifen können,
- wenn Sie davon nicht »überfallen« werden in Form von Flashbacks oder intrusiven Erinnerungen (beides Seite 80) und auch nicht in Form von Grübeln; und schließlich,
- wenn Sie Ihr eigenes Verhalten dabei so in Erinnerung haben, dass Sie mit sich zufrieden sind.

Deshalb ist es keine Gefühlsduselei, wenn Sie sich Ereignisse Ihres Lebens gelegentlich aus dem Gedächtnis abrufen, darüber nachdenken oder sie erzählen. Es ist nötig. Sie geben damit den Bausteinen Ihres Lebenspuzzles neue Farbe und polieren sie gewissermaßen. Es bestätigt Ihnen, wer Sie sind. Gleichzeitig sorgt es auch für das hohe Alter vor. Schließlich kann das episodische Gedächtnis dann oft nur noch auf Erinnerungen zugreifen, die sehr sicher gespeichert sind; das sind die, die Sie häufig wiederholt haben.

Schreiben Sie auf, was Sie erleben

Menschen lieben Geschichten über andere Menschen. Deshalb lesen die einen Regenbogenpresse und die anderen Biografien. Heute wendet man den biografischen Blick gerne auf sich selbst: Menschen schreiben über ihr eigenes Leben, und sie wollen es gut machen. Sie üben zum Beispiel in Volkshochschulkursen, ihre Erlebnisse gedächtnisfreundlich zu notieren. Sie legen den roten Faden immer bewusster aus. Sie fügen als prägnante Hinweisreize hinzu, was sie ganz persönlich wahrgenommen haben. So verarbeiten sie das Erlebte tiefer und es wird außerdem bunter und lebendiger. Das unterstützt das eigene episodische Gedächtnis. Nebenbei werden die Geschichten für Leser oder Zuhörer interessanter als das übliche »und dann und dann und dann«.

Wie Sie Ihr episodisches Gedächtnis reicher machen

Genau genommen ist eine Episode »nur« eine Geschichte, die Sie sich durch und durch lebhaft vergegenwärtigen können. Technisch merken wir sie uns genauso wie andere Geschichten auch, inzidentell: Bei der Aufnahme legt das Gedächtnis einen »roten Faden« durch sie und markiert ihn mit Hinweisreizen. Stimmen, Melodien und andere Töne gehören dazu, Bilder und Gerüche, Emotionen und unsere eigene Bewertung. Sie sind vielfältig und persönlich, aber nicht unbedingt tief verarbeitet. Das inzidentelle Gedächtnis arbeitet ökonomisch.

Denken wir an die Episode, dann bauen wir sie im Arbeitsgedächtnis neu zusammen. Das Gerüst bilden der rote Faden und die Hinweisreize. Das ist sehr ökonomisch und genau deshalb fehleranfällig: Mal lassen wir beim Zusammensetzen Kleinigkeiten aus, mal fügen wir welche hinzu, die gut passen könnten. Das ist bei einem wunderschönen Urlaub schade, bei Erinnerungen an Geschenke kann es peinlich sein.

Die episodische Erinnerung können Sie aber auf jeder Stufe des Gedächtnisvorgangs bewusst präzisieren. Nehmen wir einen Urlaub:

Stufe 1 – aufmerksam aufnehmen

Seien Sie aufmerksam. Beobachten Sie die Umgebung genau. Was geschieht, wie sieht der Bus aus oder das Gebäude? Essen Sie langsam und genussvoll und konzentrieren Sie sich auf die Menschen, mit denen Sie zu tun haben.

Hinweisreize erleichtern es auch, dass wir uns lebendig an Lebensereignisse erinnern.

Kümmern Sie sich um Hinweisreize: Fotografieren oder filmen Sie zwischendurch, machen Sie abends Notizen, nehmen Sie ab und zu Töne mit dem Mobiltelefon auf. Übertreiben Sie aber nicht. Tausend Fotos zu machen, dauert. Das Fotomotiv bannt Ihre gesamte Aufmerksamkeit so, dass Sie den Rest der Situation nur schwach verschlüsseln. Dann können Sie später schlechter darauf zugreifen. Außerdem schauen Sie niemals tausend Bilder an.

Stufe 2 – speichern: den roten Faden aktiv auslegen

Wählen Sie bei Ihren abendlichen Notizen aktiv aus, was wirklich wichtig ist. Damit unterstützen Sie Ihr Gedächtnis dabei, den »roten Faden« auszulegen. Sie können auch sagen: Sie machen ihn dicker oder »röter«. Das erleichtert Ihrem Gedächtnis das Speichern und führt nebenbei dazu, dass Ihnen später Ihre Freunde gerne zuhören.

Stufe 3 – wiederholt abrufen

Holen Sie sich die Episode gelegentlich ins (Arbeits-)Gedächtnis zurück; denken Sie darüber nach oder sprechen Sie darüber. Erzählen Sie entlang Ihres roten Fadens.

ÜBUNG

Wie arbeitet Ihr eigenes episodisches Gedächtnis?

Wählen Sie eine Testwoche. Nehmen Sie das erste Ereignis, das Sie richtig freut, richtig ärgert oder richtig ängstigt. Schreiben Sie spontan auf, was geschehen ist, oder sichern Sie es in einer Sprachdatei. Denken Sie sechs Wochen lang möglichst nicht daran; falls es von selbst auftaucht, sagen Sie freundlich zu sich: »jetzt nicht«. Nach den sechs Wochen schreiben Sie es erneut auf. Dann vergleichen Sie die Aufzeichnungen.

Sie unterscheiden sich wahrscheinlich gehörig. Das zeigt, wie großzügig das episodische Gedächtnis ist. In einer Situation wie einem Unfall, die Sie später möglicherweise bezeugen müssen, wird das wichtig. Zeichnen Sie dann sofort auf, was Sie noch wissen, und tun Sie es systematisch: Scannen Sie geistig den Ort und anschließend den zeitlichen Ablauf.

Kann man Erinnerungen »überschreiben«?

Sie haben einen Verkehrsunfall beobachtet: Die Ampel schaltet auf Gelb, Auto 1 bremst, Auto 2 will unbedingt noch durchkommen. Auto 2 fährt auf. Anschließend behauptet der Fahrer von Auto 2, direkt hinter der Ampel sei eine Person gestanden, die Auto 1 intensiv zugewunken habe.

Sie selbst haben keine solche Person wahrgenommen. Der Polizist fragt aber nicht: War jemand da? Er fragt: Wie heftig war das Winken? Wahrscheinlich werden Sie jetzt unsicher und denken darüber nach. Je intensiver Sie das tun, umso deutlicher schiebt sich eine winkende Person in Ihr Gedächtnis – sie passt einfach gut zum roten Faden des Ereignisses. Sie verschwindet nur wieder, wenn Sie sich selbst bestätigen: »Nein, da war niemand«.

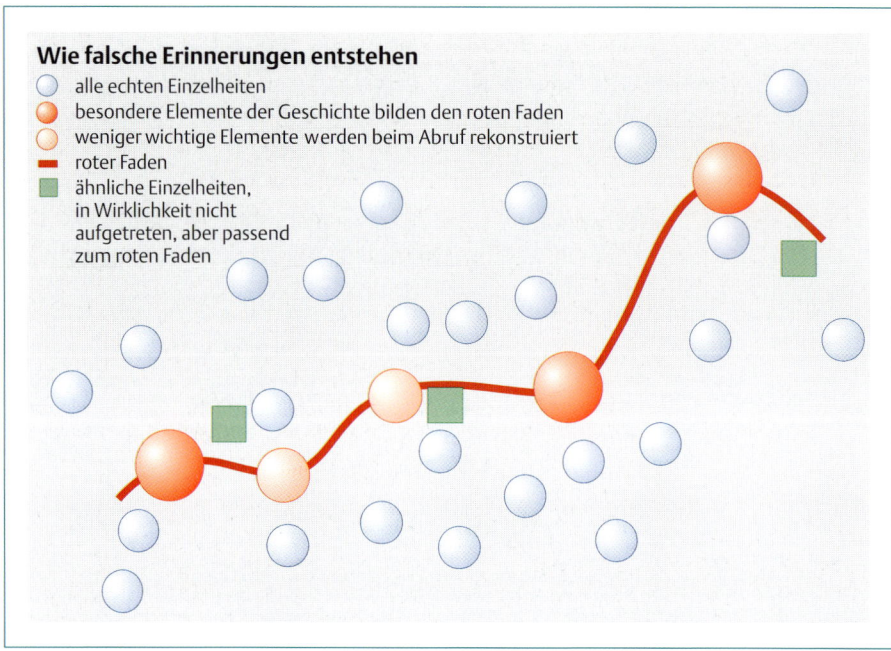

Wie falsche Erinnerungen entstehen

- ⬤ alle echten Einzelheiten
- 🔴 besondere Elemente der Geschichte bilden den roten Faden
- 🟠 weniger wichtige Elemente werden beim Abruf rekonstruiert
- ▬ roter Faden
- 🟩 ähnliche Einzelheiten, in Wirklichkeit nicht aufgetreten, aber passend zum roten Faden

▲ Wie falsche Erinnerungen bei einem Erlebnis entstehen. Nehmen Sie ihren letzten Urlaub. Sie haben viel erlebt, jede Einzelheit ist ein Kreis. Aus den fünf roten Kreisen knüpfen Sie Ihren roten Faden: Autofahrt – Strand – Bergwanderung – Ausflug ins Museum – großes Fest. Die Quadrate sind Erinnerungen, die plausibel sind, aber falsch. An der Mautstelle zu viel bezahlt (war im Jahr zuvor) – die Bedienung auf der Berghütte war schlecht gelaunt (es gab gar keine) – beim Fest waren fast nur Einheimische (es war ein typisches Touristenfest, aber Sie haben den ganzen Abend mit zwei Einheimischen verbracht).

Die Frage ist suggestiv. Eine solche Suggestion kann Ihre eigene Erinnerung beeinflussen und überschreiben. Manchmal brauchen wir dafür nicht einmal Suggestion. Wenn Sie sich selbst immer wieder ausmalen, dass Sie direkt nach der Feier an Ihrem letzten Schultag in die nächste Großstadt gefahren sind, dann wird das zu einer Erinnerung; auch wenn sie erfunden ist. Eine typische »falsche« episodische Erinnerung.

Kann man also beliebig mit den eigenen Erinnerungen herumspielen, sie überschreiben und damit auch manipulieren? Müssen wir Leuten womöglich glauben, die sich an ihre Untaten „einfach nicht mehr erinnern" können, wenn sie von einem Staatsanwalt danach gefragt werden? So einfach ist es auch wieder nicht. Gerade Erinnerungen, die wir unbedingt vergessen oder aktiv verdrängen wollen, prägen sich nämlich besonders tief ein. Auch wenn ihre Form der ursprünglichen nicht exakt gleichen muss.

WISSEN

Ältere Menschen bewerten Erlebnisse anders

Es passiert auch gesunden alten Leuten: Sie können sich durchaus an Ereignisse der jüngeren Zeit erinnern, aber nicht mehr, ob sie ein oder zwei Jahre her sind. Das kann zwei Gründe haben. Der erste sind die Ereignisse selbst. Ältere arbeiten nicht mehr, machen mehr Besuche und unternehmen weniger Spektakuläres. Ihr Freundeskreis verkleinert sich und sie konzentrieren sich auf die Familie. So wird ihr Leben gleichförmiger und bietet weniger Hinweisreize auf die Zeit als ein Großstadtleben mit 30. Der zweite Grund ist, dass Ältere die Dinge emotional weniger drastisch bewerten als Jüngere. Negatives schieben sie eher beiseite und merken sich eher das Positive. All das ist gut für ihr Befinden und ihr inneres Gleichgewicht. Aber es produziert weniger Hinweisreize für das episodische Gedächtnis.

»Tricks« – Mnemotechniken gekonnt einsetzen

Im Grunde bringen Mnemotechniken einfach episodische Lebensbuntheit in graue Merkaufgaben: Sie machen aus einer Merkliste eine persönliche Geschichte. Dafür brauchen Sie Fantasie und eine Menge Training. Wir stellen Ihnen kurz zwei vor, die Sie gleich ausprobieren können. Mehr finden Sie in den Spezialbüchern der Literaturliste auf Seite 138.

Geschichtentechnik

Sie eignet sich vor allem für Wörter, nicht zuletzt für Einkaufslisten. Nehmen wir an, Sie sind in einer nur zu Fuß erreichbaren Berghütte und wollen in den Dorfladen ins Tal absteigen und dort Ihre Vorräte wieder ergänzen. Sie benötigen: Nudeln, Kaffee, Butter, Bergkäse, Pflaster, Olivenöl, Knäckebrot, Notizblock, Spülmittel, Salz, Wundsalbe, Kerzen, Zündhölzer. Das lässt sich leicht mit einer Geschichte dieser Art merken: Anna und Franz sitzen bei Kerzenschein beim Essen in der Toscana; es gibt Nudeln, die sie mit Käse und Olivenöl würzen. Nach dem Essen spült Franz das Geschirr, zündet die Gasflamme mit einem Streichholz an und stellt Kaffee darauf. Anna möchte auf dem Notizblock einen Brief schreiben. Da sieht sie, dass die Katze ein Butterbrot in den Pfoten hat. Sie springt auf und will es ihr abnehmen. Dabei wirft sie den Kaffee um und verbrennt sich an der Alukanne. Franz versorgt die Wunde mit Salbe und klebt ein großes Pflaster darauf.

Methode der Orte (Loci-Technik)

Suchen Sie sich einen Weg in Ihrem privaten Umfeld. Dann legen Sie jedes Stück Ihrer Merkliste im Geist an einen festen Platz auf diesem Weg. Der Weg kann in Ihrer Wohnung sein, in Ihrem Stadtviertel, aber auch auf Ihrem eigenen Körper. Sie müssen ihn nur im Schlaf »abgehen« können. Ein Beispiel in

der Wohnung: Garderobe, Spiegel, Schrank, Küchentüre, Kühl-
schrank, Herd, Abzugshaube, Regal, Fensterbank, Fenster.

Sie wollen eine Wörterliste behalten, etwa: Schaf, Haus, Baum,
Klavier, Bildschirm, Kamera, Telefon, Wiese, Auto, Zeitung.
Stellen Sie sich vor: Das Schaf hüllt sich in die Mäntel an der
Garderobe, im Spiegel sehen Sie ein Haus, aus dem Schuh-
schrank wächst ein Baum und so weiter – alles unverwechsel-
bare Bilder, ja, kleine Geschichten. Später dient jeder Ort als
Hinweisreiz für »sein« Element der Liste. Mit der Methode der
Orte behalten Sie auch Handlungsabfolgen leichter, etwa eine
Vortragsgliederung.

Assoziationstechnik für Zahlen

Diese Technik kennen Sie schon. Jede Zahl zwischen 0 und 100
entspricht einem festen Gegenstand. Die einstelligen Zahlen
kann man auch so verschlüsseln: man verschlüsselt die Ziffer
selbst als passendes Bild, etwa die 1 als Bleistift, die 7 als Sense
oder die 8 als senkrechte, runde Brille.

Wenn Sie sich dann eine neue PIN merken wollen, die Nummer
Ihres Schließfachs im Bahnhof, eine Telefonnummer oder sonst
eine mehrstellige Zahl, dann erfinden Sie eine Geschichte. Sie
machen aus der Zahl 397284589 einfach die fünf Teilzahlen:
39, 72, 84, 58 und 9 oder auch 3, 97, 28, 45 und 89. Jede dieser Zahlen tritt dann in Gestalt ihres zugehörigen Gegenstands
auf. Die Gegenstände tun etwas miteinander, und zwar in der
richtigen Reihenfolge. Beispiele finden Sie auf den Seiten 23,
33 und 34, eine Liste für die Zahlen 0 bis 100 im Buch von
Werner Metzig und Martin Schuster auf Seite 99 (siehe Service
Seite 138).

Erfolgreich altern

Ein lebender Organismus wie der menschliche verändert sich ständig. Auch wenn er nicht mehr wächst, erneuert er sich laufend, baut sich um und repariert Schäden. Dennoch altert er und stirbt am Ende. Sie können das beklagen oder verfluchen. Sie können es aber auch als sinnvoll erkennen und sich überlegen, wie Sie es zu handhaben gedenken. In Sachen Gedächtnis ist die zweite Variante nicht nur erfreulicher, sie verbessert das Gedächtnis auch noch.

Plastizität – wir können in jedem Alter lernen

Das Gehirn macht keine Ausnahme. Es altert, aber es behält auch Plastizität: Laufend bildet es neue Nervenzellen und vernichtet alte, es lässt Dendriten sprießen oder schrumpfen.

Das Altern des Organs Gehirn beeinflusst die Gedächtnisleistung, aber es ist nicht identisch damit. Wir müssen zwei Dinge unterscheiden:

- Das Gedächtnis benötigt intakte Neuronen.
- Trotzdem ist das Gedächtnis ein Vorgang. Der kann zwar nur ablaufen, wenn Hippocampus und Frontalhirn funktionieren, aber er »ist« keins von beiden.

Im Alltag kommt es außerdem auf das Ergebnis an – darauf, wie gut wir Inhalte aufnehmen, speichern und abrufen. Das hängt nicht nur von den Neuronen ab, sondern auch davon, welche Lernstrategien wir benutzen. Auch deshalb kann eine 19-Jährige ein schlechtes Gedächtnis haben, obwohl das Gehirn jung ist. Und ein 90-Jähriger kann trotz des gealterten Gehirns ein gutes haben.

Heute haben Ältere mehr Aufgaben als früher

In traditionellen Kulturen haben Menschen in jedem Lebensalter feste Aufgaben, auch, was Lernen und Gedächtnis betrifft:

- Kinder lernen genau das, was ihre Eltern wissen und können.
- Erwachsene wenden es an und erfinden vielleicht einiges Neue, in Landwirtschaft, Hauswirtschaft oder Handwerk. Alles zusammen geben sie an die nächste Generation weiter.
- Von Älteren erwartet man – falls sie geistig gesund sind – einen besseren Überblick. Das nennt man »Weisheit«. Sie unterstützen Jüngere mit ihrem Wissen. Im Übrigen sind sie das personifizierte kulturelle Gedächtnis der Gruppe. Insofern beschränken sie sich praktisch auf die dritte der Gedächtnisstufen aufnehmen – speichern – abrufen.

Traditionell waren also die Phasen »lernen – anwenden – weitergeben« den Generationen zugeordnet. Heute dagegen er-

Früher hatte man irgendwann »ausgelernt«. Heute nicht mehr.

weitert sich das Wissen so schnell, dass manches »Alte« an Wert verliert. Also wird gefordert, »lebenslang« Neues zu lernen, anzuwenden und zu lehren. Deshalb wechseln wir heute mehrfach in einem Lebenslauf zwischen den Phasen lernen – anwenden – weitergeben hin und her.

Das hat zwei Konsequenzen:

- Wer aufhört zu lernen, wird abgehängt. Wer heute zwischen 40 und 70 ist, kann sein Gedächtnis nicht mehr darauf beschränken, lange gespeichertes Wissen abzurufen. Es bleibt notwendig, Neues aufzunehmen und zu speichern.
- Da es nicht mehr vorgezeichnet ist, was »man« im Alter zu tun hat, liegt viel mehr in unserer eigenen Verantwortung. Die beginnt lange vor dem Alter, und sie hat eine ganze Menge mit Lernen und Gedächtnis zu tun.

Lebenslang implizit lernen

Implizites Gedächtnis funktioniert nach der Geburt als Erstes und im Alter besonders lange. Es funktioniert sogar dann noch, wenn bereits eine Demenz das explizite Gedächtnis beeinträchtigt. So können sich zum Beispiel gebrechliche Menschen fast immer gut daran gewöhnen, mit einem Rollator zu gehen. Dieses auch »Gehwagen« genannte Hilfsmittel hat vier Räder und Griffe wie ein Kinderwagen, Bremsen wie ein Fahrrad, einen Einkaufskorb und eine schmale Sitzbank. – Das implizite Gedächtnis kann auch das explizite unterstützen. Nehmen Sie noch einmal die Senioren-WG. Wer dorthin zieht, muss einige neue Routinen lernen. Das geht meistens gut, falls sie ihm richtig gezeigt statt ausführlich erklärt werden. Selbst Handgriffe, die man braucht, um kranke Mitbewohner zu versorgen, kann er oder sie so völlig problemlos lernen. Es erfordert nur Übung und die nötige Zeit dafür. Diese implizit gelernten Handgriffe dann später selbst in Worte zu fassen, fällt Älteren allerdings noch etwas schwerer als Jüngeren.

WISSEN

Die Lebenszeit bei den Gebrüdern Grimm

In dem Märchen »Die Lebenszeit« zeichnen die Gebrüder Grimm das höhere Lebensalter gerade nicht als weise Zeit des hohen Ansehens: Der Mensch soll, wie Hund, Esel und Affe, dreißig Lebensjahre bekommen. Während das den Tieren wegen der damit verbundenen Mühsal viel zu viele sind, ist des Menschen Wunsch nach mehr Lebensjahren kaum zu stillen. Deshalb bekommt er an Jahren »geschenkt«, was die Tiere verschmäht haben. Der Preis: Er muss in diesen Jahren ähnlich leben wie diese Tiere, erst schuften wie der Esel, dann zahnlos in der Ecke sitzen wie der Hund. Die – damals letzten – Jahre zwischen 60 und 70 sind die, die der Affe nicht wollte. Wie die Affen, die zu Grimms Zeiten auf Jahrmärkten auftraten, wird der Mensch jetzt »zum Gespött der Kinder« – er hat Geist und Gedächtnis verloren.

Geistige Leistungen verändern sich

Es stimmt nicht, dass alte Menschen früher immer nur als weise Ratgeber geschätzt waren. Oft genug galten schon 60-Jährige tendenziell als demente Greise; Sie finden im Kasten oben, wie rabenschwarz das die Gebrüder Grimm illustriert haben. Heute sind Menschen zwischen 60 und 80 Jahren körperlich erheblich fitter als je zuvor. Sie sind auch geistig fitter, jedenfalls die 94 Prozent, die nicht dement sind. Diese Gruppe nennt man heute die »jungen Alten«. Doch das explizite Gedächtnis ändert sich auch bei ihnen.

Die Gedächtnisspanne verkürzt sich schon ab der Pubertät

Bereits mit dem Ende der Pubertät beginnt die explizite Gedächtnisspanne objektiv zu sinken. Offenbar ist diese Spanne biologisch für die traditionellen Gesellschaften optimiert, in denen nur junge Menschen viel aufnehmen und speichern müssen. Sie sinkt allerdings so langsam, dass man es subjektiv erst 20 oder 30 Jahre später bemerkt.

WISSEN

Verbessern weibliche Hormone im Alter das Gedächtnis?

Die Haut straffen sollten sie, die Knochendichte erhalten und den Hitzewallungen ein Ende machen: weibliche Hormone, die viele Frauen in den Wechseljahren eingenommen haben. Was lag näher, als von ihnen auch Wunderdinge in Sachen Gedächtnis zu erwarten?

Solange die Nebenwirkungen noch nicht so klar waren, haben es viele Frauen zwischen 50 und 60 Jahren mit den Hormonen versucht. Deshalb konnte man mehrfach prüfen, ob sie das Gedächtnis anstrengungslos optimieren. Nimmt man die Studien zusammen, war die Erwartung falsch. Was immer Hormone sonst bewirken mögen – dem Gedächtnis helfen sie nicht.

Multitasking stört die Leistung immer

Alten Menschen fällt es außerdem etwas schwerer als jungen, Inhalte aufzunehmen – zu enkodieren oder zu verschlüsseln – und sie anschließend schnell zu verarbeiten. Das reduziert notwendig die Kapazität des Arbeitsgedächtnisses. Je älter jemand ist, umso weniger Information kann das Arbeitsgedächtnis vorhalten. Sehr alte Menschen haben dadurch Schwierigkeiten, lange Sätze zu verfolgen. Wenn der Sprecher zum Ende kommt, haben sie den Satzanfang schon vergessen. Dadurch brauchen sie auch immer länger, um zwischen mehreren Tätigkeiten hin- und herzuwechseln, das, was man heute Multitasking nennt. Es ist etwa nötig, wenn man telefoniert und gleichzeitig aufpassen will, dass die Milch nicht überkocht. Multitasking beeinträchtigt die geistige Leistung immer, aber bei Älteren wirkt es sich stärker aus als bei Jüngeren.

Eigene Erlebnisse verblassen leichter

Sie kennen es schon: Ältere erinnern sich weniger präzise an Episoden der jüngeren Vergangenheit. Das liegt vorwiegend am Verschlüsseln. Die Episoden ihres Lebens ziehen gewissermaßen vorbei wie ein Hintergrundfilm: Sie achten nicht aufmerksam darauf. Dadurch verschlüsseln sie die Episoden nur mäßig, was das Speichern be-, wenn nicht verhindert.

Den Alltag beeinträchtigt das lange nicht

Alle diese Einbußen sind vorhanden. Da sie aber nicht stark sind, beeinträchtigen sie den Alltag lange Zeit nicht unbedingt. Wenn Sie Ihr Gedächtnis regelmäßig und umfassend benutzen und sich gleichzeitig intensiv körperlich und sozial betätigen, machen sie sich praktisch noch weniger bemerkbar. Erst wenn die Veränderungen das Ausmaß einer leichten kognitiven Störung annehmen, wirken sie sich auf den Alltag aus.

Wie Sie eine kleinere Gedächtnisspanne kompensieren

Die Gedächtnisspanne hängt nicht zuletzt von den sensorischen Fähigkeiten ab, vor allem dem Sehen und Hören, die im Alter ja ohne jede Frage nachlassen. Dagegen helfen Brille und Hörgerät. Sie können sie aber auch geistig erweitern, und zwar auf die gleiche Weise wie in jungen Jahren: indem Sie das Material besser verarbeiten oder einfache Mnemotechniken anwenden. So sind Gedächtnismeister oft älter als 40 Jahre – sie haben ihre persönliche Technik perfektioniert. Obwohl auch ihre Gedächtnisspanne statistisch bereits reduziert ist, können sie das mit ihrer Technik bei Weitem kompensieren.

Mit eigenen Gedächtnisstrategien können Sie biologischen Veränderungen lange ein Schnippchen schlagen.

Beobachten Sie genau

Längst nicht alles, was Ältere im Alltag als Gedächtnisproblem wahrnehmen, hängt an der Gedächtnisspanne. Ein erkleckicher Teil ihrer »Vergesslichkeiten« bei Namen und persönlichen Erlebnissen beruht darauf, dass sie die Information gar nicht erst verschlüsseln. So belegt der Name »Franz Schmied« genau zwei Einheiten der Gedächtnisspanne, das ist wenig. Wer sich keinen Namen »mehr« merken kann, weiß ihn aber oft schon zehn Sekunden nach der Vorstellung nicht mehr. Das liegt nicht am verfehlten Speichern ins Langzeitgedächtnis. Es liegt an der Aufnahme. Nehmen Sie sich deshalb einfach vor, sich zu konzentrieren. Trainieren Sie das im Alltag. Beobachten Sie bewusst genau. Achten Sie gezielt auf Bilder, Farben und Formen, auf Töne oder Klänge und auf Geruch oder Geschmack.

Seien Sie wählerisch

Merken Sie sich nur das, was sich lohnt, was also für Sie persönlich wichtig ist.

Etwas anderes hat mit Kompensieren nur am Rande zu tun, wichtig ist es trotzdem: Ältere Menschen mit einem guten Gedächtnis entscheiden nämlich ziemlich wählerisch, was sich zu merken lohnt. Was sich nicht lohnt, beachten sie erst gar nicht, also können sie es auch nicht speichern. Das ist sehr sinnvoll. Es gibt nämlich eine unerwartete Ursache für das etwas schlechtere explizite Gedächtnis Älterer: Überflüssiges blockiert ihr Arbeitsgedächtnis, weil sie es schlechter löschen können als Jüngere.

Spielen Sie Ihren Expertenvorteil aus

Besonders gut kompensieren können Sie im Alter auf Wissensfeldern, wo Sie sich auskennen. Ob Sie Skat spielen, Grafiker sind oder Professorin – in einem Gebiet, wo Sie Expertenwissen haben, können Sie sich Neues genauso gut einprägen wie Jugendliche. Wahrscheinlich liegt auch das am gewitzten Enkodieren: In »Ihrem Gebiet« wissen Sie immer schon etwas, mit dem Sie das Neue gedanklich verknüpfen können.

Gewöhnen Sie sich an externe Gedächtnishilfen

Wenn Sie Ihr Gedächtnis früh mit externen Gedächtnishilfen entlasten, sorgen Sie damit für das Alter vor. Dann sind Sie nämlich daran gewöhnt, sie zu benutzen; das zahlt sich besonders bei elektronischen Notizbüchern aus.

Die wichtigsten externen Hilfsmittel im Alter:
- Legen Sie wichtige Gegenstände immer an die gleiche Stelle: Schlüssel, Dokumente, Brillen, Tasche, Fahrkarten.

- Erfinden Sie ein einfaches Ablagesystem für Kundennummern, PIN-Nummern, Konten, Unterschriftsproben, Dokumente etc.; aktualisieren Sie das, sobald sich etwas ändert. Dafür eignen sich Kärtchen oder ein Ordner, je nachdem, wie viel es ist.
- Benützen Sie einen Terminkalender und schauen Sie dort regelmäßig nach, am besten jeden Tag zweimal zur gleichen Zeit.
- Legen Sie ein Notizbüchlein an, in dem Sie alle Aufgaben notieren, die Sie ohne festen Termin erledigen müssen. Das kann natürlich auch elektronisch sein. Wenn sie erledigt sind, werden sie gestrichen bzw. gelöscht.
- Erstellen Sie Checklisten für wichtige Handlungen, die immer wiederkehren: Welche einzelnen Tätigkeiten sind nötig beim Einkaufen, bei Besuchen oder Kulturveranstaltungen, bei Urlauben auf dem Land oder Städtereisen etc.?
- Es gibt elektronische Notizbücher, die man auch als Mobiltelefon benutzen kann.

Wie also altert man erfolgreich?

Was kommt Ihnen in den Sinn, wenn Sie »erfolgreich altern« lesen? Denken Sie an Reisen, Geld haben und Geld ausgeben – oder eher an Philosophisch-Spirituelles: den Sinn Ihres Lebens suchen und finden, für die Enkel da sein, ehrenamtlich arbeiten?

In der wissenschaftlichen Literatur versteht man unter »erfolgreichem Altern« vor allem, dass jemand körperlich und geistig gesund ist und selbstständig lebt. Gedächtnis gehört da notwendig dazu. Sie haben in diesem Buch schon einiges darüber gelesen, wie Sie Ihr Gedächtnis allgemein schützen und bewahren können; Ausführlicheres dazu finden Sie im letzten Kapitel. Hier wollen wir kurz aufführen, wer im Alter besonders gute Gedächtnisleistungen bringt – wie also jemand lebt, der sein Gedächtnis besonders erfolgreich geschützt hat.

► Wer erfolgreich altert, hält auch das Demenzrisiko klein. Oberhalb der Kurve liegen die Schutzfaktoren, unterhalb der Kurve die Risikofaktoren. Zur Spalte »Gene« siehe S. 94.

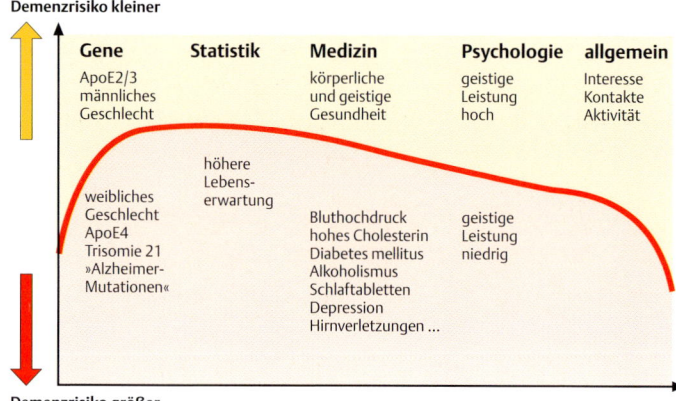

So ist es klug, wenn Sie selten darüber nachdenken, ob und wie stark Ihr eigenes Gedächtnis nachlässt. Wer sich für normal hält, ist unbefangener. Je gesünder Ältere körperlich sind und je mehr sie sich bewegen, umso besser ist ihr Gedächtnis. Wer sich geistig fit hält, irgendwo Experte ist und gleichzeitig breite Interessen pflegt, auch künstlerische, kann sich auch im Alter Neues leichter merken. Gehen Sie das aber mit Freude und Gelassenheit an, statt streng auf Leistung und »Erfolg« zu schauen. Das hebt nebenbei Ihre Chance auf Glück.

WISSEN

Unerwartet – wie Klöster gesund halten können

Lange galt es als anachronistisch; inzwischen beschreiben Filme und Werbeagenturen das Klosterleben als positiv-alternativen Lebensentwurf. Auch die Altersforschung hat es entdeckt: Ältere Mönche und Nonnen unterscheiden sich in zwei Punkten deutlich vom Rest der Welt. Zum einen schlafen sie im Alter besser als ihre Altersgenossen. Zum anderen sterben Mönche nicht einmal zwei Jahre früher als Nonnen, ganz im Gegensatz zu anderen Männern: Die le-

ben fünfeinhalb Jahre kürzer als Frauen. Beides dürfte denselben Grund haben. Mönche und Nonnen leben regelmäßiger und stressärmer, und sie bleiben körperlich und geistig tätig bis ins hohe Alter. Weniger intensiv, doch unverwandt wenden sie ihre Expertise an und erweitern sie. Sie leben so, wie es empfohlen wird, um gesund, zufrieden und erfolgreich zu altern – und dabei das Gedächtnis zu schützen.

Selbstständig leben im Alter

Er heißt Wolf Dieter Oswald und war Professor in Erlangen. Seit den 1980er-Jahren forschte der Psychologe über das Gedächtnis im Alter. Seit 1991 gibt es sein Trainingsprogramm SimA® – Selbstständig leben im Alter, das Sie auch selbst anhand eines Übungsbuches lernen können (siehe Service S. 138).

Dieses Programm setzt Forschungsergebnisse praktisch um: Im Alter sind diejenigen geistig fitter, die geistig und körperlich aktiv sind. Oswalds Prinzip ist das alte Sprichwort: Wer rastet, der rostet.

Die ersten 375 Teilnehmer waren 1991 mindestens 75 Jahre alt und gesund. Seit damals enthält das Programm drei Arten von Trainingsaufgaben:

- **Kompetenzen:** externe Hilfen in Form von Checklisten zur Gewohnheit machen.
- **Gedächtnis:** verschiedene Anstreichübungen und tägliche systematische Zeitungslektüre.
- **Bewegung:** leichte Gymnastik sowie Übungen zum Gleichgewicht, zur Geschicklichkeit und Fingerfertigkeit.

Am längsten blieben die Teilnehmer fit, die an Training 2 und 3 teilgenommen hatten. Sie konnten außerdem sehr viel länger in ihrer eigenen Wohnung bleiben und entwickelten sehr viel seltener eine Demenz.

Diese Ergebnisse zeigten also schon sehr früh, worüber man sich heute innerhalb der Alters- und der Demenzforschung völlig einig ist: Man kann ziemlich viel tun, um Risikofaktoren aktiv klein zu halten. Inzwischen werden immer wieder neue Methoden und Programme vorgestellt und getestet. Sie alle setzen Forschungsergebnisse zu Risikofaktoren um, und alle berücksichtigen die Erkenntnis, dass es immer um den Organismus als Ganzen geht, nie um das »Geistige« allein.

Schutz

Die Gedächtnisleistung fördern

Wer seine Zähne nicht pflegt und sehr früh »Dritte« braucht, wird heute leicht selbst dafür verantwortlich gemacht. Dagegen halten es noch immer viele für reines Schicksal, ob das Gedächtnis gut ist oder schlecht. Das ist ein Irrtum, es lässt sich sehr wohl schützen. Wenn Sie es tun, ist es auch wie bei den Zähnen: Es gibt keine Garantie, doch Ihre Chancen erhöhen sich erheblich.

Wie Sie das Gedächtnis Ihrer Kinder schützen

Für den ersten Schutz Ihres Gedächtnisses waren Sie nicht selbst verantwortlich: Wer sich in Kindheit und Jugend ungestört geistig entwickeln konnte, behält bis ins Alter die besseren Chancen auf ein gutes Gedächtnis. Diese Qualität verantworten Erwachsene für die Kinder – Eltern, pädagogisches Personal und politisch Verantwortliche.

Zwei Gegebenheiten in der Kindheit schaden dem Gedächtnis kurz- und langfristig besonders: wenn Kinder allgemein nicht ganz gesund sind oder wenn ihr Gehirn direkt geschädigt wird. Als Erstes müssen wir sie vor Kopfverletzungen schützen: Im Auto brauchen sie Kindersitze und Sicherheitsgurte, auf dem Fahrrad und bei einigen Sportarten einen Helm. Sie müssen unbedingt gut schwimmen können. Außerdem sind manche Impfungen sinnvoll – ein Thema für die kinderärztliche Sprechstunde – und Zecken müssen so schnell wie möglich mit einer geeigneten Zange entfernt werden. Kinder können grundsätzlich ihre Anlagen schlechter entfalten, wenn sie Allergien haben, wiederkehrende Entzündungen, Fehlernährung, Fettsucht, Kinderdiabetes oder psychische Krankheiten; das gilt auch für das Gedächtnis. Die schlechtere Entwicklung wirkt sich bis ins Alter aus. Kinder sind generell gesünder, wenn sie gut versorgt werden – auch psychisch –, vernünftig ernährt, regelmäßig ärztlich untersucht und bei einer Erkrankung sofort behandelt.

Bauen Sie eine »kognitive Reserve« auf

Wichtig

Erwachsene können ihr Gedächtnis selbst schützen. Je früher Sie damit beginnen, umso höher ist die Wahrscheinlichkeit, dass es nicht wegen Krankheit ausfällt oder im Alter zu stark nachlässt. Es geht um zwei Punkte: Schäden vermeiden und eine »kognitive Reserve« aufbauen.

Wer viel weiß und geistig besonders wendig ist, hat eine größere kognitive Reserve. Er oder sie verarbeitet Informationen tiefer und findet sie deshalb leichter wieder. In einem gut geordneten Umfeld gibt es immer einen Platz, wo neues Wissen und Können »andocken« kann; dann ist eine Assoziation mög-

Je früher Sie beginnen, Ihre geistigen Aktivitäten zu intensivieren, umso besser sind die Chancen für Ihr Gedächtnis.

lich, es ist gut verschlüsselt und damit leicht abrufbar. Mit einer größeren kognitiven Reserve können Sie es besser kompensieren, wenn Gedächtnisspanne und Arbeitsgedächtnis etwas nachlassen.

Vor allem drei Gegebenheiten sorgen dafür, dass Sie kognitive Reserven aufbauen:

- frühe Förderung und umfassende Schulbildung,
- eine qualifizierte, interessante und geistig fordernde Berufstätigkeit und
- viele geistige und körperliche Aktivitäten.

Auch wenn die Weichen für Bildung und Beruf bei uns noch immer zu früh gestellt werden – was wir später alles tun, haben wir ganz gut in der Hand.

Kümmern Sie sich um Ihre Gesundheit

Zu wissenschaftlichen Zwecken können wir Gedächtnisleistungen isoliert untersuchen. Im Alltag sind sie trotzdem nie unabhängig davon, was der Organismus als Ganzer tut bzw. das Gehirn als Organ.

Wer körperlich und seelisch gesund ist, merkt sich mehr.

Wie Sie einer direkten Schädigung des Gehirns samt den Folgen fürs Gedächtnis vorbeugen können, finden Sie im Kapitel »Risiken« (vor allem Seite 68). Auch bei Erwachsenen beeinträchtigen ganz übliche Erkrankungen das Gedächtnis, allen voran chronische (Alters-)Krankheiten. So merken sich etwa Diabetiker deutlich weniger als gleichaltrige Gesunde, und ein höheres Demenzrisiko haben sie auch. Deshalb wird es Ihr Gedächtnis Ihnen danken, wenn Sie sich um Ihre Gesundheit kümmern; natürlich verstehen wir darunter körperliche und seelische Gesundheit.

Der einfachste Schutz: Alkohol und Drogen vermeiden

Alkohol und Drogen beeinträchtigen Gedächtnis und kognitive Reserve aktuell und langfristig. Zuerst verhindert Alkohol, dass sich Gedächtnisinhalte im Schlaf konsolidieren. Dann zerstört er Nervenzellen, je mehr Alkohol, umso mehr. Drogen tun Ähnliches und können noch Jahre später Flashbacks auslösen. – Haben Sie in früheren Jahren zu viel dieser Stoffe zu sich genommen, kann das Gehirn leicht vorgeschädigt sein. Jeder Vorschaden aber macht es wahrscheinlicher, dass die Demenz kommt, bevor Sie 100 Jahre alt sind.

Deshalb ist es doppelt gut für das Gedächtnis, wenn Sie in Ihrem Leben wenige Drogen zu sich nehmen. Wein und Bier sind in geringen Mengen vertretbar. Vor härteren Alkoholika und Drogen jeder Art sollten Sie Ihr Gehirn aber normalerweise bewahren.

Essen Sie gepflegt

Achten Sie darauf, was Sie essen. Ob Sie allgemein im Alter geistig fit sein wollen oder speziell einem Schlaganfall, Herzerkrankungen oder Diabetes vorbeugen – was die Wissenschaft empfiehlt, geht immer in die gleiche Richtung. Versuchen Sie, Ihre Geschmacksnerven in Richtung »Mittelmeerdiät« zu trainieren: viel Obst, Gemüse, Olivenöl und Fisch. Es wird Ihnen sicherlich besser bekommen als Schweinebraten und frittiertes Hackfleisch. Sinn hat es trotzdem nur, wenn Sie es genießen können und das nicht für Selbstkasteiung halten. Außerdem: Essen Sie regelmäßig, am besten dreimal täglich, mit Muße und gemeinsam mit anderen.

Bewegen Sie sich

Nichts hält Sie einfacher körperlich gesund als Bewegung; nebenbei schützt sie Ihr Gedächtnis. Schon eine halbe Stunde täglich schnell spazieren gehen sichert die Grundversorgung. Ergänzen können Sie das mit Gymnastik, Fitnessstudio oder Sport. Bei diabeteskranken »jungen Alten« kann bereits eine wöchentliche Stunde Nordic Walking den Blutzuckerspiegel deutlich senken. Ein normaler Spiegel geht grundsätzlich mit einem besseren Gedächtnis einher.

Kein Gedächtnis ohne Schlaf

Müdigkeit macht unaufmerksam. Dann können wir schlecht abrufen, was wir wissen, und neue Informationen nur unvollständig aufnehmen. Wer unausgeschlafen ist, hat deshalb Probleme mit den Gedächtnisstufen eins und drei. Insofern gewährleistet guter Schlaf indirekt, dass das Gedächtnis funktioniert. Doch Schlaf spielt auch eine direkte Rolle. Er beeinflusst die zweite Gedächtnisstufe – wie gut wir speichern und das Gespeicherte festigen.

Im EEG kann man drei verschiedene Schlafstadien unterscheiden: Leichtschlaf mit Thetawellen, Tiefschlaf mit Deltawellen und REM-Schlaf; REM heißt Rapid Eye Movement, und in diesen Zeiten träumen wir besonders intensiv. Regelmäßig wechseln sich die drei Stadien ab, erst leicht, dann tief, dann REM. Ein solcher Durchgang heißt »Zyklus« und dauert anderthalb Stunden. Danach beginnt ein neuer Zyklus.

Wer etwas Neues lernt und danach schläft, beherrscht es nach dem Erwachen besser als direkt nach dem Lernen. Wer die gleiche Zeit ohne Schlafen abwartet, hat einiges wieder vergessen. Im Tiefschlaf konsolidieren sich hauptsächlich explizite Inhalte, im REM-Schlaf hauptsächlich die impliziten. Die Konsequenz ist klar: Guter Schlaf ist ein unerlässlicher Schutz für Ihr Gedächtnis, und das lebenslang. Einzelne schlechte Nächte sind ungefährlich; kehren sie wochenlang ständig wieder, sollten Sie jedoch etwas dagegen tun.

Hegen Sie Ihre Interessen

Wenn Sie davon überzeugt sind, dass Ältere »kein Gedächtnis mehr« haben, werden Sie genau das früher als andere selbst erleben. Diese Personen merken sich statistisch tatsächlich weniger als ihre Altersgenossen. Es lässt sich sogar erklären. Wer sich nichts zutraut, zieht sich zurück, auch von diversen Alltagstätigkeiten.

Dabei würden genau diese das Gedächtnis ganz von selber stärken. Sie stärken, wie routiniert Sie es benutzen können, und sie stärken es organisch. Schließlich bilden sich Dendriten und neue Zellen nur dann, wenn Hippocampus und Frontalhirn tatsächlich in Aktion sind. Diese »Aktion« beginnt, wenn Sie sich gezielt für Themen interessieren und sich darauf konzentrieren. Dafür eignet sich praktisch alles: Ihr Beruf, die Zeitung, eine ehrenamtliche Tätigkeit oder ein Hobby wie Schach. Konzentrieren Sie sich außerdem auf das, was Sie gerade tun. Üben Sie also frühzeitig, Multitasking zu vermeiden, auch wenn das in jüngeren Jahren durchaus Vergnügen bereiten kann. Konzentration auf eine Aufgabe entlastet das Arbeitsgedächtnis und Sie verschlüsseln automatisch intensiver. Damit sind Informationen leichter längerfristig abrufbar.

> **HILFREICH**
>
> ## Was bringt Gehirnjogging?
>
> Vieles nennt sich heute »Gehirnjogging«, vom Kreuzworträtsel bis Sudoku, von Sprachspielen bis zu Suchbildern. Wenn Sie so etwas häufig und mit Vergnügen machen, werden Sie sich dabei verbessern. Auf andere Tätigkeiten allerdings überträgt sich die Fertigkeit kaum. Dennoch tut sie dasselbe wie jede geistige Betätigung: Sie stärkt die kognitive Reserve.

Pflegen Sie vor allem Ihre ureigenen Wissensgebiete, in denen Sie sich schon auskennen. Schließlich arbeitet Ihr Gedächtnis dort auch später genauso gut wie das sehr junger Leute. Belegt ist das nicht nur für Berufe wie Designer oder Professoren. Es gilt für jede Aktivität, die geistig etwas anspruchsvoller ist und keine besonderen körperlichen Anforderungen stellt. Werden Sie also irgendwo Experte – und bauen Sie das aus.

Musizieren, Sprachen und Kontakte pflegen

Anspruchsvollere Aktivitäten helfen auch dem Gedächtnis – angenehm und unauffällig.

Drei lebenslange Aktivitäten schützen nachweislich vor frühzeitigem Abbau der Gedächtnisleistung: Mehrsprachigkeit, Musizieren und ein reges soziales Leben. Ob Sie im Chor singen, in einer Band trommeln oder im Quartett Geige spielen: Wer all das sein Leben lang als Hobby pflegt, trainiert nicht zuletzt sein Gedächtnis. Schließlich muss man immer ein paar Takte »im Blick« und damit im Gedächtnis vorrätig haben – eine klassische Leistung des Arbeitsgedächtnisses.

Auch wer sehr häufig eine zweite Sprache nutzt, schneidet in Gedächtnistests besser ab als konsequente Einsprachler. Wie die bessere Leistung der Musiker dürfte es damit zu tun haben, dass Sie Ihr Arbeitsgedächtnis ständig fordern, wenn Sie zwischen Sprachen hin und her wechseln. Zumindest manche Dialekte wirken auch wie eine zweite Sprache.

Vor allem im höheren Lebensalter hält auch ein reges soziales Leben das Gedächtnis in Aktion und damit im Training. Pflegen Sie Ihre Kontakte und Freundschaften. Dann stellen Sie sich ständig auf Neues ein, müssen wissen, wen Sie vor sich haben und was diese Person auszeichnet, und darauf reagieren.

Entwickeln Sie Ihre persönliche Gedächtnisstrategie

Mnemotechniken sind Geschmacksache. Doch falls Ihnen eine zusagt, kann sie Ihnen im Alltag gute Dienste leisten. Wenn Sie früh mit der Übung anfangen, ist sie im Alter gut eingeschliffen. Dann kann sie fast wie eine externe Gedächtnishilfe wirken und Ihr Gedächtnis unterstützen. Gerade die Methode der Orte benutzen auch ältere Menschen gerne.

Das andere sind Ihre persönlichen Gedächtnisstrategien, die nebenbei Ihre kognitive Reserve stärken. Dazu gehören nicht nur Assoziationen und Eselsbrücken. Ziehen Sie systematisch Parallelen zu Wissen, das Sie bereits haben und überlegen Sie, wie Neues und Vorhandenes zusammenpassen. Denken Sie selbst über Inhalte nach, statt sie kritiklos nachzubeten. Auf diese Weise verschlüsseln Sie besonders gut und können auf viele Hinweisreize zurückgreifen.

Wählen Sie außerdem aus, was Sie sich wirklich merken wollen, und befassen Sie sich vorwiegend damit. Gewöhnen Sie sich an, Überflüssiges bewusst auf den geistigen Müll zu werfen. Gedächtnistechnisch heißt das: Denken Sie möglichst nicht mehr daran. Solange Sie jung sind, funktioniert das ziemlich automatisch. Später wird das schwieriger. Wenn aber zu viel im Arbeitsgedächtnis herumschwirrt, was Sie gar nicht brauchen, dann steht es im Weg.

Souverän mit dem Computer umgehen

Heute kalauert man gerne, man müsse eigentlich nur noch »wissen, wo man suchen muss«. Das klingt, als hätten wir das Gedächtnis so erfolgreich in Medien aller Art ausgelagert, dass wir das eigene kaum mehr brauchen. Doch ganz so ist es nicht.

Kein Medium erspart es Ihnen nämlich, Inhalte zu verarbeiten, weder klassische Textmedien, Fotos, Tonträger oder Filme noch moderne Computerdateien, CD-ROMs, USB-Sticks und Internet samt Suchmaschinen. Eine Internet-Suchmaschine etwa liefert meistens Millionen von Einträgen; die können Sie niemals aufnehmen und verarbeiten. Deshalb nützt Ihnen dieses externe Gedächtnis nur, wenn Sie die Million reduzieren und die Suche eingrenzen. Die richtigen Schlüsselwörter sind Hinweisreize, die Sie selbst bereits zum Thema gespeichert haben. Wenn Sie nur wenig Ahnung vom Thema haben und keine Idee, was da-

Egal, wie viel Wissen irgendwo elektronisch gespeichert ist – »anzapfen« müssen Sie es selbst, und dafür brauchen Sie eigenes Wissen.

mit sonst noch zusammenhängen könnte, kommen Sie nicht weiter. Überdies haben Sie keinen Maßstab, mit dem Sie die Qualität Ihrer Fundstellen bewerten könnten. Auch in Ihrem eigenen Computer finden Sie Ihre Dateien nur wieder, wenn sie eine Logik haben. Entweder sie sind gut hierarchisch geordnet oder Sie haben für jede ein Stichwort im Kopf.

Gerade elektronische Gedächtnisse sind sehr individuell. Längerfristig zugänglich sind sie dann, wenn Sie selbst mit ihrer Ordnung zurechtkommen. Beginnen Sie früh damit, sich daran zu gewöhnen. Dann können Sie lange auf der Klaviatur der Riesenspeicher spielen und sie als Erweiterung Ihres eigenen Gedächtnisses nutzen.

WISSEN

Elektronisch lernen

E-Learning ist nichts absolut anderes; auch Material von CD-ROMs, Internet & Co. müssen wir verarbeiten, speichern, konsolidieren und abrufen. Aber elektronische Medien erleichtern es teilweise, neue Inhalte aufzunehmen: Sie verschlüsseln mehrfach – neben Texten nutzen sie Grafiken, Bilder, Töne und Filme. Das erleichtert vor allem Aufnahme bzw. Verschlüsselung. Und sie sind teilweise interaktiv. Als säße hinter dem Bildschirm ein virtueller Privatlehrer, geht es genau im eigenen Lerntempo weiter. Ihr Nachteil beim Verschlüsseln: Sie sind weitgehend auf den Sehsinn beschränkt; man kann nichts riechen, nichts spüren und wenig Sprache hören, man benutzt keinen Stift und erlebt keinen Menschen. Deshalb gibt es weder Episodisches noch implizite Anteile – außer dort, wo es um die Handhabung des Computers selbst geht.

Ausblick

Wir alle verfügen von Natur aus über Gedächtnis, über die Fähigkeit, Wissen und Können zu erwerben und später darauf zuzugreifen. Wir können das Gedächtnis aber besser oder schlechter behandeln. »Besser« heißt: es regelmäßig benutzen, persönliche Strategien entwickeln und es schützen. Das können wir lebenslang tun – oder eben nicht. Falls Sie es tun, erhöhen Sie damit Ihre Chancen,

▪ lange angenehm und anregend zu leben,
▪ im Alter immer noch Neues zu lernen und deshalb,
▪ auch später noch sinnvolle Dinge zu tun.

Letztlich greifen die Dinge nämlich ineinander: Sie schützen Ihr Gedächtnis und sorgen gleichzeitig kompetent für den Fall vor, dass der Schutz doch nicht ausreicht. Sie tun Dinge, die Ihrer Persönlichkeit und Ihren Interessen entsprechen, und Sie pflegen Ihr Gefühl für Sinn im Leben.

3 Schutz

Wir empfinden unser Leben als rund, wenn wir auf Erinnerungen und altes Wissen zugreifen und beides erweitern können. Völlig mühelos ist das nicht alles lebenslang möglich. Aber wenn wir ein wenig Mühe darauf verwenden, unser Gedächtnis zu schützen, dann steigen die Chancen doch erheblich, dass es gelingt.

Hilfreiche Bücher, Adressen und Internetseiten

Thema Bewegung

Armbrecht, Axel: »No sports?« 21 bequeme Schritte zu mehr Bewegung: gezielt, schnell, effizient.
Haug Verlag, Stuttgart 2005
ISBN 3-8304-2191-7.

Regelin, Petra: Vital und beweglich ein Leben lang. 70 alltägliche Übungen für sicheren Gang, für mehr Kraft und Schwung, beugt Stürzen vor.
TRIAS Verlag, Stuttgart 2007
ISBN 3-8304-3366-8.

Thema Demenz

Engel, Sabine: Alzheimer und Demenzen. Unterstützung für Angehörige. Die Beziehung erhalten mit dem neuen Konzept der einfühlsamen Kommunikation.
TRIAS Verlag, Stuttgart 2006
ISBN 3-8304-3381-6.

Förstl, Hans, Alfred Maelicke, Klaus Weichel: Demenz. Taschenatlas spezial.
Thieme Verlag, Stuttgart, 2008
ISBN 3-1313-3511-4.

Krämer, Günter, Hans Förstl: Alzheimer & andere Demenzformen. Die häufigsten Fragen.
TRIAS Verlag, Stuttgart 2008
ISBN 3-8304-3444-3.

Thema Depression

Hegerl, Ulrich, Svenja Niescken: Depressionen bewältigen. Die Lebensfreude wiederfinden.
TRIAS Verlag, Stuttgart 2008
ISBN 3-8304-3379-8.

Hegerl, Ulrich, David Althaus, Holger Reiners: Das Rätsel Depression. Eine Krankheit wird entschlüsselt.
Beck Verlag, München 2006
ISBN 3-4065-2899-6.

Holst, Susanne, Ulrike Meiser: 55 natürliche Hilfen für die Seele. Die besten Mittel bei Niedergeschlagenheit und Antriebslosigkeit.
TRIAS Verlag, Stuttgart 2005
ISBN 3-8304-3252-6.

Service

Thema Entspannung

Kabat-Zinn, Jon: Im Alltag Ruhe finden. Meditationen für ein gelassenes Leben. S. Fischer Verlag, Frankfurt/Main 2007 ISBN 3-596-17351-8.

Ohm, Dietmar: Stressfrei durch Progressive Relaxation. Mehr Gelassenheit durch Tiefmuskelentspannung nach Jacobson. Buch mit Audio-CD. TRIAS Verlag, Stuttgart 2007 ISBN 3-8304-3387-3.

Wilk, Daniel: So einfach ist Autogenes Training. Zu mehr Ruhe und innerer Stärke finden. Buch mit Audio-CD. TRIAS Verlag, Stuttgart 2007 ISBN 3-8304-3390-3.

Thema Gedächtnistraining

Knab, Barbara: Warum wir immer das Falsche vergessen. Gebrauchsanweisung für das Gedächtnis. Herder Verlag, Freiburg 2006 ISBN 3-4512-8868-0.

Metzig, Werner, Martin Schuster: Lernen zu lernen. Lernstrategien wirkungsvoll einsetzen. Springer Verlag, Heidelberg 2006 ISBN 3-540-26030-7.

Oswald, Wolf-Dieter: SimA®-basic – Gedächtnistraining und Psychosomatik. Hogrefe Verlag, Göttingen 2005 ISBN 3-8017-1915-4.

Stenger, Christiane: Warum fällt das Schaf vom Baum? Gedächtnistraining mit der Jugendweltmeisterin. Heyne Verlag, München 2007 ISBN 3-453-68511-6.

Thema posttraumatische Belastungsstörung

Reddemann, Luise, Cornelia Dehner-Rau: Trauma – Folgen erkennen, überwinden und an ihnen wachsen. Ein Übungsbuch für Körper und Seele. TRIAS Verlag, Stuttgart 2008 ISBN 3-8304-3423-8.

Thierbach, Regina, Willi Butollo: Trauma – Leben nach einer extremen Erfahrung. Schicksalsschläge bewältigen, innere und äußere Kräfte aktivieren und neue Wege finden. TRIAS Verlag, Stuttgart 2005 ISBN 3-8304-3249-6.

Thema Schlaganfall

Diener, Hans-Christoph, Peter Erik Felzer: Schlaganfall: So finden Sie wieder Mut. TRIAS Verlag, Stuttgart 2004 ISBN 3-8304-3223-4.

Wilhelm, Jürgen, Alfred Lauer: Schlaganfall: Akutfall, Reha, Beruf und Familie – Was Sie jetzt tun können. TRIAS Verlag, Stuttgart 2003 ISBN 3-8304-3072-8.

Adressen und Internetseiten

Deutsche Alzheimer Gesellschaft e. V. (DAlzG)
Selbsthilfe Demenz
Friedrichstraße 236
10969 Berlin-Kreuzberg
Tel.: 0 30/2 59 37 90
Fax: 0 30/2 59 37 95 29
E-Mail : info@deutsche-alzheimer.ges.de
Alzheimer-Telefon: 0 18 03/17 10 17
(9 Cent pro Minute)

Auf den Internetseiten der DAlzG finden Sie Informationen rund um das Thema Demenz (insbesondere zur Alzheimer-Krankheit), hilfreiche Tipps und Adressen. Die DAlzG und ihre Mitgliedsgesellschaften sind Selbsthilfeorganisationen. Sie setzen sich bundesweit für die Verbesserung der Situation der Demenzkranken und ihrer Familien ein. Über diese Internetseite finden Sie auch die Adressen und Telefonnummern aller Alzheimer-Gesellschaften, verschiedener Beratungsstellen, Selbsthilfegruppen und Gedächtnissprechstunden in Ihrer Nähe (nach Postleitzahlen geordnet).
www.deutsche-alzheimer.ges.de

Österreichische Alzheimer Gesellschaft
Vereinigung zur Erforschung der Alzheimer-Krankheit und verwandter Demenzformen
Neurologisches Krankenhaus
Rosenhügel
Riedelgasse 5
1130 Wien
Tel.: 02 22/88 00 02 70
Fax: 02 22/8 89 25 81

Schweizerische Alzheimervereinigung
Generalsekretariat
Herr Oskar Diener
8, rue des Pêcheurs
1400 Yverdon-les-Bains
Tel.: 0 24/4 26 20 00
Fax: 0 24/4 26 21 67
E-Mail: alz@bluewin.ch
www.alz.ch

Das Internetportal **ahano.de** macht nicht nur mit Themen wie Reisen und Gesundheit Lust aufs Älterwerden. Es bietet auch ein ausgefeiltes System interaktiver Übungen zum Gedächtnis.

Dieses System hat zwei ganz spezielle Vorteile: Es vergleicht Ihre aktuelle Gedächtnisleistung sofort mit vielen Gleichaltrigen aus der Datenbank. Und die Übungen verwenden selten Text, sondern meistens visuelle Vorlagen.
E-Mail: info@ahano.de
www.ahano.de

Service

Die meisten großen psychiatrischen Kliniken bieten spezielle **Gedächtnissprechstunden** an; sie können auch Memory-Sprechstunde heißen, Memory-Clinic oder Ähnliches. Das sind Ambulanzen, die Sie mit jeder Art Gedächtnisproblem aufsuchen können, und wo Sie interdisziplinär betreut werden, vom Gedächtnistest bis zu allen therapeutischen Möglichkeiten. Die Adressen finden Sie auf den Internetseiten der Alzheimer-Gesellschaften.

Das **Kompetenznetz Demenzen** ist ein bundesweiter Zusammenschluss von 14 – auf dem Gebiet der Demenzforschung führenden – universitären Einrichtungen. Auf den Internetseiten finden Betroffene und Angehörige Informationen zum Krankheitsbild, zu Therapie- und Unterstützungsmöglichkeiten sowie zu rechtlichen und finanziellen Fragestellungen. Das »Kompetenznetz Demenzen« gehört zu den derzeit 17 Kompetenznetzen in der Medizin, die vom Bundesministerium für Bildung und Forschung (BMBF) gefördert werden. www.kompetenznetz-demenzen.de

Beim **Psychotherapie-Informations-Dienst** (PID) erhalten Sie die Telefonnummern und Adressen von kassenärztlich zugelassenen Psychotherapeuten in ganz Deutschland.

PID
Oberer Lindweg 2
53129 Bonn
Tel.: 0228/746699
Fax: 0228/641023
E-Mail: pid@psychotherapiesuche.de
www.psychotherapiesuche.de

Stichwortverzeichnis

Stichwortverzeichnis

Liebe Leserin, lieber Leser,
hat Ihnen dieses Buch weitergeholfen? Für Anre-
gungen, Kritik, aber auch für Lob sind wir offen.
So können wir in Zukunft noch besser auf Ihre
Wünsche eingehen. Schreiben Sie uns, denn Ihre
Meinung zählt!

Ihr Trias Verlag

E-Mail Leserservice:
heike.schmid@medizinverlage.de

Adresse:
Lektorat Trias Verlag, Postfach 30 05 04,
70445 Stuttgart, Fax: 0711-8931-748

Programmplanung: Sibylle Duelli
Redaktion: Anne Bleick
Bildredaktion: Christoph Frick

Umschlaggestaltung und Layout:
Cyclus · Visuelle Kommunikation, Stuttgart

Bildnachweis:
Umschlagfoto: Fotolia, Dominique Loenicker
Fotos im Innenteil:
ccvision: S. 26, 104, 126; Dynamic Graphics: S. 12;
Professor Förstl: S. 44; Fotolia, Dominique Loenicker:
S. 3; Christoph Frick: S. 116; MEV: S. 71; Photo Alto: S.
135; Photo Disc: S. 40; Pixland: S. 4, 5, 6, 10/11, 58/59,
60, 84, 102/103
Die abgebildeten Personen haben in keiner Weise
etwas mit einer der Krankheiten zu tun.

Zeichnungen: Karin Baum, Paphos/Zypern

© 2008 TRIAS Verlag in MVS
Medizinverlage Stuttgart GmbH & Co. KG
Oswald-Hesse-Straße 50, 70469 Stuttgart

Printed in Germany

Satz: Fotosatz Buck, 84036 Kumhausen
gesetzt in: InDesign CS3
Druck: Westermann Druck Zwickau GmbH,
       08058 Zwickau

Gedruckt auf chlorfrei gebleichtem Papier

ISBN 978-3-8304-3408-5   1 2 3 4 5 6

Bibliografische Information
der Deutschen Nationalbibliothek
Die Deutsche Nationalbibliothek verzeichnet diese
Publikation in der Deutschen Nationalbibliografie;
detaillierte bibliografische Daten sind im Internet
über http://dnb.d-nb.de abrufbar.